KB211053

어느 평신도의 행복일기

-구원 성장 섬김-

어느 평신도의 행복일기

초판 1쇄 발행 2025년 2월 25일
지은이 이덕진
펴낸이 민상기
편집장 이숙희
펴낸곳 도서출판 드림북
인쇄소 예림인쇄 **제책** 예림바운딩
총판 하늘유통

·**등록번호** 제 65 호 **등록일자** 2002. 11. 25.
·경기도 양주시 광적면 부흥로 847 경기벤처센터 220호
·Tel (031)829-7722, Fax(031)829-7723

구원 | 성장 | 섬김

어느 평신도의
행복일기

이덕진 지음

드림북

그리운 어머니와 아버지께,

고마운 아내와

사랑하는 나의 아이들과 손주들,

미국의 세 누이와

먼저 떠난 두 형에게,

할렐루야교회 믿음의 형제자매들

이 땅에서 선한 싸움을 싸우며

함께 살아가는 그리스도인들에게

그리고 하나님을 알기 원하는 모든 분에게

이 책을 드립니다.

추천의 글 1

 나는 설교 중에 전 교인들에게 누구나 자신과 가족과 후손들을
위해 자서전을 써서 남기라고 강하게 권고했던 적이 있었다. 그 이
후 한두 분씩 쓰기 시작해서 읽을 적마다 감격하며 고마워했다. 하
나님을 만난 저자들마다 하나님께서 주신 은혜와 축복과 인생의
교훈들이 들어있었다. 예수님을 믿게 된 사람들에게는 확실한 삶
의 긍정적 변화가 있다. 유대인들은 자기 조상 아담과 하와로 시작
해서 대대손손 삶의 모든 경험을, 잘못한 일들까지도 소상히 기록
해 두어서 오늘까지도 전 세계인들에게 엄청난 영적인 삶의 유익
을 남겼다.
 이 책에서 저자는 예수님을 만난 후 경험한 모든 것을 누구나 이
해할 수 있는 평범한 이야기로 기록하고 있다. 내가 그동안 즐겁게
읽은 수많은 자서전 가운데서 나에게는 가장 큰 감동을 준 자서전
이라는 느낌을 받았으며, 이 저서는 모든 기독교인에게 교과서가
될 만한 가치가 있다고 생각하며 상당한 희열을 느꼈다. 이 자서전
이야말로 기독교인으로 한 인생을 살아온 저자의 개인적인 기록이
다.
 나는 저자와 그의 아내와 가족을 30여 년 동안 가까이에서 늘 보

아왔다. 그런데 내가 보고 느끼고 경험한 저자의 삶과 이 책에서 저자가 기록한 삶의 기록이 너무도 동일해 한편 놀라면서도 통쾌했다. 예수님을 만나 가정과 교회와 사회에서 어떻게 하나님의 보편적 가치로 일관성 있게 살며 섬기며 하나님의 놀라운 은혜를 경험했는지 과장 없는 순수하고 진솔한 기록을 남기고 있다.

예수님을 믿는 사람이나 기독교에 관심을 가졌거나 기독교인에 대해 실망하고 반대하는 사람에게도 이 책을 권하고 싶다. 예수를 믿는 사람의 정상적인 모습이 여기에 나타나 있다. 저자를 기독교인 중 가장 기독교의 진수를 경험해본 분이라고 느끼기까지 했다. 나는 모든 기독교인이 저자처럼 예수님이 보여 주신 구원과 성화와 섬김의 본을 따라 살면 자신에게도 큰 축복이요 하나님께도 영광이 될 것이란 생각을 해본다. 그래서 이 자서전을 기독교인들과 비기독교인들에게도 권한다. 기독교인들은 일관성 있는 신앙인의 삶이 어떤 것인지 자세히 볼 수 있고, 비기독교인들은 기독교의 참된 모습을 보며 예수님에 대한 관심과 끌림을 느낄 수 있다고 생각한다.

김상복 목사

(할렐루야교회 원로,
횃불트리니티신학대학원대학교 명예총장)

저자 이덕진 장로님은 제가 참으로 존경하고 사랑하는 분입니다. 그의 삶에서는 예수님의 향기가 나고 그의 언어에서는 주님의 따뜻함이 느껴집니다. 이런 분이 교회의 장로로 든든히 계셔주시는 것이 저에겐 큰 복입니다.

저는 이 책을 읽으면서 마음의 잔잔한 감동과 함께 심령이 정결해짐을 느꼈습니다. 그만큼 주님의 기쁨이 담긴 저서라는 생각이 듭니다. 이 책을 통해 독자들은 하나님 사랑과 이웃 사랑을 새롭게 깨닫게 될 것입니다. 자신의 가정과 교회와 일터를 주님의 눈으로 새롭게 보게 될 것입니다. 그리고 자신에게 허락된 사람들(가족, 동료, 교회의 지체, 이웃)을 더욱 귀하게 받아들이게 될 것입니다.

저자의 신앙과 삶이 독자들에게 inspiration, 곧 감동, 격려, 새로운 결단을 촉구하는 힘이 될 것을 기대하며 이 책을 적극 추천합니다.

김승욱 목사
(할렐루야교회 담임)

추천의 글 3

이덕진 장로님과의 섬김 동행은 평생의 큰 축복이었다. 50년 전한국 최초로 컴퓨터 기반, 고객 및 경영정보 공유 전산시스템을 함께 개발했을 때, 그 정확도, 신속성, 투명성, 고객 및 직원 중심 가치에 모두가 감탄하고 감사해했다. 유한킴벌리의 인간존중, 고객중심, 투명, 윤리, 신뢰 기반, 비전 및 공유가치창조 경영의 시작이었다.

40년 전 〈우리강산 푸르게푸르게〉, 30년 전 〈평생학습기반 전사적지식경영〉과 〈생명의숲 국민운동〉을 통해 환경재난, 외환위기및 사회적 시련을 극복해 보려 할 때도 든든한 동지였다. 20년 전, 10년 전 뉴패러다임 신경영을 아시아, 중국으로 확산할 때도 선교사역을 하듯 늘 선두에 서 주셨다.

평생 감사, 사랑, 섬김을 실천하며, 이웃, 기업, 사회를 발전 성공시키고, 참된 행복을 전파하신 우리 시대 크리스천 리더의 표본이시다. 그 비결이 담긴 이 책은 우리 사회 리더들을 위한 큰 선물이라고 확신하여 꼭 읽어볼 것을 적극 추천한다.

문국현

(뉴패러다임 인스티튜트 대표이사 회장, (전) 유한킴벌리 대표이사 사장)

차례

　내가 이 책을 쓴 목적은 나를 구원하신 하나님과 그의 아들 예수 그리스도의 사랑을 받은 이야기를 나누려는 것이다. 그리고 가정과 교회와 일터를 섬기는 가운데 내 삶이 풍족하게 된 이야기로 많은 분과 유익을 나누려는 것이다.

　우리 모두가 살아내야 할 삶의 목적은 평신도목회 신학을 오래 가르쳐주신 나의 신앙의 멘토 김상복 목사님의 다음과 같은 설명으로 요약될 수 있다.

> "이 세상에서 행복하게 살아가는 평신도들에게는 다음의 세 가지가 균형 있게 개발되어 있다. 기독교인의 신앙을 3S로 표현할 수 있다. 구원(Salvation), 성화(Sanctification), 섬김(Service)이다. 기독교 신앙의 모든 것은 이 세 가지 주제 아래 조직될 수 있고, 로마서의 내용도 바로 이 세 가지가 포함된다. 이 세 가지를 다 체험하고 있는 신앙인은 잘 개발된 균형 있는 신앙생활을 한다고 말할 수 있다. 은혜로 주시는 하나님의 선물로 구원의 기쁨을 누리고, 날마다 성장하고 성숙하고 변화시키시는 성령의 역사를 체험

하며 예수 그리스도의 모습을 닮아 아름다운 성령의 열매를 맺고 살면서, 성령께서 각자에게 주신 성령의 은사를 발견하고 개발하여 하나님과 이웃을 섬기는 것이 모든 신앙인의 축복이다. 이 세 가지 중 어느 하나라도 소홀히 하거나 개발되지 않으면 행복한 신앙생활은 없다.”

그래서 나는 이 책의 제목을 《어느 평신도의 행복 일기》, 부제를 그리스도인의 〈구원 성장 섬김〉으로 하였다. 이 세 가지는 나의 신앙의 전부이다. 영혼이 궁핍했던 순간에 찾아오신 예수님을 만나 그의 은혜로 죄의 속박으로부터 풀려나 구원을 얻었다. 이어서 내 안에서 성장을 도우시는 성령님의 역사를 체험하며 예수님을 점점 더 사모하며 살게 되었다. 이 성장의 과정은 이웃을 섬기는 삶과 동시에 진행되었다. 성령님이 주신 은사에 힘입어 가정과 교회와 일터를 조금이라도 더 아름답고 거룩하고 사람들이 살만한 곳으로 만들려고 힘써왔다. 여기까지 인도하신 주님의 도우심에 감사와 행복이 있어, 이 시점에서 책을 쓰게 되었다. 하나님께서 살아 역사하신 아름다운 이야기들이 본문 전체에 펼쳐져 있다. 여기에 내용을 요약해 드린다.

나는 믿음의 어머니와 믿지 않는 아버지의 사이에서 성장하였다. 교회를 다니다가 30세가 넘어 예수님을 온전히 만났다. 결혼을 하고서 몇 해가 지나 아내와 함께 온전히 회심하였다. 이후 몸과 마음과 영혼에 자유가 찾아오면서 새로운 인생이 시작되었다. 생각이 변하고 언어와 습관과 태도가 달라졌다. 관계와 세계관이 달라졌다. 이후로 하나님을 신뢰하고 사랑하며 그의 절대 아름다우심과 놀라우심을 매일 발견해 가는 여정이 시작되었다.

가정을 이루어 자녀 둘, 손주 둘을 얻었다. 행복했지만 어려움도 있었다. 그것은 주 안에서 훈련받으며 성장하는 과정이었다. 부부는 조건 없이 사랑하고 이해하는 관계의 삶을 배워가고 있다. 결혼은 평생의 약속이고, 그리스도의 형상을 닮아가는 과정이었다. 이 책에서 나는 하나님께서 디자인하신 가정에서 한 아내의 남편으로, 두 아이의 아빠로서 이들을 돌보고 사랑하며 누렸던 기쁨을 나눌 것이다.

그리스도의 몸인 교회에서 예배드리며 새 힘을 얻고, 말씀 가운데 자라며, 성도를 서로 돌보는 가운데 예수님의 장성한 분량을 이루어가게 되었다. 할렐루야교회 김상복 목사님에게서 20년 동안 평신도목회 연구원의 모든 과정을 훈련받는 은혜를 누렸다. 교회의 장로로 섬기며 평신도 리더들을 위한 PACE 사역을 이끌었다. 교회 안에서 누구나 돌봄을 받을 수 있게 하려는 것이다. 한편 세계에서 귀하게 쓰임 받는 매일의 묵상 소책자인 〈오늘의 양식〉(Our Daily Bread) 영어와 한국어 대조본의 번역 출판 사역을 지난

30여 년 동안 섬겨왔다. 남을 섬기는 자가 제일 행복하고 자신에게 성장과 보람의 유익이 돌아간다는 것을 경험해 왔다.

이어서 일터에서 빛으로 살아내려 했던 이야기를 하였다. 나는 유한킴벌리에 신입사원으로 입사하여 36년을 넘게 섬기고 은퇴하였다. 회사가 "대한민국 존경받는 기업"의 하나로 선정되는 긴 변신의 과정에 참여하였다. 그것은 한 평범했던 회사가 사람의 가치를 진지하게 생각하며, 직원과 소비자와 사회와 환경을 섬기는, 성경적 가치가 문화로 뿌리내리게 하는 변화의 과정이었다. 그것은 그리스도인들에게는 '이원화된 삶', 교회 안과 밖, 주일과 평일에 서로 다른 언어와 사고와 행동을 해야 하는 이중생활을 하나로 통합할 수 있다는 희망을 선사하는 일이 되었다. 우리가 심겨진 일터에서 주어진 기회를 헛되이 보내지 않고 힘을 합쳐 선한 청지기로 순종하려 했던 이야기이다.

부록으로 세상에 흔치 않은 〈어머니의 자녀일기〉를 정리해 소개한다. 어머니는 그분의 시대에 하나님의 뜻을 따라 살면서 여섯 자녀 각자 앞으로 탄생에서 이별까지의 이야기를 대학 노트에 기록하였다. 그리고 그것을 다 합쳐 〈열두 눈동자〉라는 제목의 원고를 만드셨다. 자신의 인생이 들어있고 막내인 나를 포함한 여섯 자녀의 성장 기록이다. 성경과 음악과 글을 사랑하신 어머니는 시종 아름답고 진실된 글을 남기셨다. 나는 그중에서 독자들에게 나누고 싶은 글들을 모아 편집하였다. 좋은 선물이 될 것이다.

이 책을 다시 정의하면, 나의 인생을 구원하신 하나님을 증거하는 책이다. 이 땅의 유일한 천국인 가정의 이야기이고, 예수 그리스도의 아름다움과 선하심과 진실하심을 사모하는 한 제자의 러브 스토리이다. 그리고 하나님 사랑을 가지고 세상에 나아가 그들을 사랑하기를 애쓰고자 하는 한 성도의 보고서이다. 그래서 이 책은 주 안에 있는 모든 성도의 구원과 성화와 섬김, 곧 '3S 이야기'이다.

*****

여기서 내 삶에 커다란 영향을 주신 분들께 감사를 드린다. 누구보다 나의 두 분 담임 목사님 김상복 목사님과 김승욱 목사님, 그리고 사랑의 수고를 함께해온 모든 동역자들에게 이 책을 헌정한다.

그리고 이 시대에 저서와 여러 매체를 통해 나에게 큰 영향을 주었던 분들이 있다. 기독교 가정 분야의 닥터 답슨(James Dobson)과 행하는 믿음의 본을 보여준 찰스 콜슨(Charles Colson), 이 두 분의 책들은 '내 인생의 책들'이 되었다. 또 성경적 가치를 기반으로 '현대 경영학을 만든 사람' 피터 드러커(Peter Drucker)와 문국현 대표를 포함한 경영의 선배, 동료들이 있다.

그리고 나에게 늘 좋은 영향을 주신 많은 목회자, 교수, 작가, 사역자들이 있다. 이분들은 거듭난 사람이 자신을 돌보고 성장해가며 세상을 섬기는 이야기들을 나에게 풍부하게 들려주었다. 이 책에는 이분들의 교훈이 직접 간접으로 들어있다.

1장
——
구원
(Salvation)

○○○○
1절 거듭나다

‘3S 신앙’의 첫 번째 S는 구원, Salvation이다. 내 일생에 무엇보다 놀라운 일은 갑자기 예수님 품에 안긴 일이다. 이런 굉장한 일이 나에게 기다리고 있을 줄을 30대 중반이 되도록 알지 못했었다. 1983년 5월의 셋째 주일날, 평소 다니던 본 교회가 아닌 한 번도 가보지 않았던 회사 근처의 어느 조그마한 교회 앞을 지나다 거기서 조용히 새어 나오는 찬송가 소리에 나도 모르게 발이 이끌리어 그곳에 들어갔다. 예배실에 안내되어 자리를 잡고 앉으니 곧 피아노 반주가 시작되었다. “주 안에 있는 나에게 딴 근심 있으랴 십자가 밑에 나아가 내 짐을 풀었네”(찬송가 370장). 다섯 살 어린 시절 누나들과 손잡고 예배당에 가 불렀던 희미한 기억 속의 그 멜로디가 오랫동안 잠자고 있다가 이 시간 살아나 내 영혼을 흔들어 깨우기 시작했다. 멈출 수 없이 흐르는 눈물 속에 신비한 위로와 기쁨과 치유가 나를 뒤덮는 것을 체험하였다. 내가 몰랐던 예수님은 갈 길을 잃었던 나를 끝까지 추적하시다가 때가 됨에 이 자그마한 예배당을 정해놓고 나를 이끄시고 내 옆에 오셔서 나를 끌어안으셨다.

사실은 이 일이 있기 전 아내가 먼저 절망 가운데 있는 나를 위해 기도를 해왔다. 어려서부터 착실히 교회를 다녔던 아내가 나보다 석 달 먼저 교회의 중보기도 권사님들과 한 주일 심방 기도회를 하면서 마침내 '살아계신' 하나님을 만나 '새 사람'이 되었다. 수많은 성경 구절을 암송하고 찬송가도 다 알았지만 "사람은 누구나 죄인"이라는 말을 들으면 기분이 나쁘고 이해가 안 되었던 아내가 이때 영으로 거듭나게 된 것이다. 그리고 지금부터 그 하나님께 남편을 위해 기도하면 된다는 확실한 희망을 가지게 되었다.

특별히 남편이 스스로 끊지 못하는 술을 끊게 해달라고 간절히 기도하기 시작했다. "하나님은 고치실 수 있는 분입니다. 이 사람 참 좋은 사람이니 하나님이 고쳐주시면 기쁘실 거예요. 저도 함께 하나님 정말 잘 섬기겠습니다." 그 당시 나는 아내가 있고 어린 두 아이가 있었지만 사실상 외롭고 공허하고 기초가 무너져(lonely, empty, broken) 있었다. 아내는 이러한 나를 위해 자신을 위해서는 해보지 않은 처절한 기도를 해왔다. 그날은 마침 요한 웨슬레 회심 주일로 아내는 본 교회에서 따로 예배하며 나를 위해 기도를 드리던 시간이었다. 같은 날 다른 조그마한 예배당에서 '이상한' 경험을 하고 나온 나는 아내에게 전화를 걸어 오전에 있었던 일을 이야기했다. 이 이야기를 들은 아내는 "아, 하나님…!" 하고는 아무

말도 하지 못했다. 하나님은 그의 사랑하는 자녀의 기도를 들어주셨다. 그분은 '원더풀 카운슬러', 우리가 풀지 못하는 문제를 풀어주시는 분이었다. 우리는 부부가 이렇게 몇 달 간격으로 온전히 거듭나는 체험을 하게 되었다.

그날 이후로 나에게 세상은 너무나 아름답고 반드시 살아야 할 인생으로 서서히 그리고 확실히 바뀌었다. 술에 대한 애착도 신비하게 사라졌다. 혼돈과 공허가 걷히고 부서졌던 삶의 퍼즐들이 짜맞춰지기 시작했다. 몸과 마음과 영혼에 스스로 놀랍도록 일어나는 변화는 나의 노력과는 전혀 상관없이 일어나고 있었다. 아내도 그동안 뜻도 모르고 그냥 외워왔던 수많은 말씀이 성경의 페이지마다 살아 나와 '생명의 말씀'으로 그를 빠르게 자라게 했다. "그런즉 누구든지 그리스도 안에 있으면 새로운 피조물이라 이전 것은 지나갔으니 보라 새것이 되었도다"(고후 5:17). 이 말씀을 이해하는데 우리 부부는 아무런 어려움이 없었다. 바로 우리가 그렇게 되었기 때문이다. 샤워를 하면서도 "내가 크리스천이야!"라는 생각만 하면 기쁨의 눈물이 함께 흘러내렸다.

지난 30년 동안 쌓였던 내 속의 보이고 싶지 않은 추한 모습들, 부끄러움, 두려움, 죄책감 같은 것이 저절로 사라졌다. 그때까지 인생을 낭비한 데 대한 회한이 있었으나 그보다는 미리 맛본 가슴 뛰는 미래가 이제부터 시작되었다는 사실에 나는 행복해했다. 감사하고 기뻤다. 빌립보서에서 바울이 기록한 수많은 "기쁨"과 "기뼈하라"라는 말씀이 나를 더욱 기쁘게 했다. "맞아. 바로 이거였어. 내가 찾고 찾던 것이 이거야. 암 그러면 그렇지!" 하였다. 이렇게 내 삶은 모든 게 달라지기 시작했다. "나의 어둔 시절은 지나갔다. 이제 새 날들이 왔다." 이렇게 스스로 선포했다. 새로운 인생이 시작되었다. 나는 이제부터 하나님과 세상과 나를 사랑하는 사람이 되고 싶었다.

주 안에 있는 나에게 딴 근심 있으랴
십자가 밑에 나아가 내 짐을 풀었네

그 두려움이 변하여 내 기도 되었고
전 날의 한숨 변하여 내 노래 되었네

내 주는 자비하셔서 늘 함께 계시고
내 궁핍함을 아시고 늘 채워주시네

내 주와 맺은 언약은 영 불변하시니
그 나라 가기까지는 늘 보호하시네

주님을 찬송하면서 할렐루야 할렐루야
내 앞길 멀고 험해도 나 주님만 따라가리

○○○
2절 새로운 출발

주님과의 첫사랑은 이렇게 시작되었다. 그러면서 나는 "자, 이제 부터 어떻게 살 것인가?" 하며 주 안에서 새로운 인생 설계를 하는 설레는 일을 시작했다. 많은 것을 기본부터 바꿔야 했다. 끊어야 할 것과 새로 시작해야 할 것을 생각했다. 말씀과 찬양과 기도를 생활화하고, 가정의 기초를 그리스도 위에 다시 세워야 하고, 교회 와 일터와 사회에서 어떤 역할을 할지를 알아가는 것이 먼저였다. 이 모든 것은 의무가 아니라 속에서 나오는 변화를 위한 욕구와 기 대감이 있어서 가능했다.

예수님의 산상수훈 말씀이 하나님 나라에 대해서 나에게 처음으 로 가르쳐주었다. "심령이 가난한 자는 복이 있나니 천국이 그들 의 것임이요", "애통하는 자는 복이 있나니 그들이 위로를 받을 것 임이요." 내 마음에 안심과 위로가 찾아왔다. 요한복음에서 예수님 이 누구시고 나와 어떤 관계인지를 배워나갔다. 나는 이제 포도나

무 예수님께 붙여져 그분에게서 새 생명을 공급받기 시작한 것이었다. 바울의 서신들이 구원과 성화와 섬김의 복음을 가르쳐 주었다. 사도들의 많은 말씀 가운데서도 "그러므로 사랑은 율법의 완성이니라"(롬 13:10), 이 말씀이 처음에 어려웠던 율법을 한 문장으로 말해주었다.

생활 속에 음악이 중요했던 나에게 찬송은 내 심령을 윤택하게 하고 힘을 불어넣어 주었다. 경건하고 아름다운 수많은 찬송의 멜로디와 가사들이 '곡조가 붙은 기도'가 되었다. 회중으로 찬송하며 목소리 높여 불렀다. 기쁨의 눈물이 동반되었다. 좋아하는 찬송가를 테이프로 구입해 늘 들었다.

그중에서도 런던 내셔널 필하모니와 아멘 성가대의 '승리의 찬양(Hymns Triumphant)' 1, 2집 앨범은 나의 믿음과 음악 세계의 지경을 넓혀 주었다. 캘리포니아의 한 크리스천 서점에 가서 발견한 카세트테이프였는데 집에 와서 듣고는 보물을 만난 것처럼 듣고 또 들었다. 천상에서 들려오는 듯 거룩하고 아름답고, 웅장했다가 고요해지는 메들리가 내 영혼을 정화하고 기쁨에 넘치게 했다. 예수님을 찬양하는 마음이 내 안에서 귀하게 자라고 있었다. 몇 년이 지나 다른 크리스천 서점을 들렀을 때 이번에는 CD 버전이 나와 너무나 반가워 무조건 집었다. 지금도 모든 음악이 익숙하고 지루해지면 종종 이 CD를 튼다.

나는 이렇게 오래 말랐던 스펀지가 물을 흡수하듯 복음의 진수를 받아들였다. 한번은 미국 출장길에 작은누이를 만나 크리스천 서점에 데려다 달라고 하였다. 처음 보는 미국의 기독교 서점엔 신앙 서적뿐 아니라 마음에 감동을 주는 아름다운 액자와 장식품과 음악이 가득하였다. 나는 어린아이가 동화의 나라에나 온 듯, 장바구니에 정신없이 담았다. 영어 성경과 당시 널리 읽히던 신앙 서적들과 벽에 꼭 걸어놓고 싶은 액자들과 냉장고에 붙일 작은 스티커들까지. 그 안에 담긴 짧은 메시지들이 맘에 울려 나를 그냥 지나치지 못하게 하였다.

한 바구니 가득 담아 계산대에 선 나에게 주인은 좀 놀라는 듯한 표정으로 이걸 다 살 거냐고 물었다. 나는 오히려, "지금 나오는 저 음악, 테이프 있으면 찾아 주세요." 하고는 그것까지 추가했다. 계산해서 알려주는 액수에 나는 순간적으로 놀랐다. "아니 이렇게 많이 나왔네…" 잠시 생각하고는 다 담아 달라고 했다. 당시 해외여행은 주로 현찰을 바꾸어 준비해 갔는데 그 돈은 매우 큰 돈이었고 내가 가진 돈의 거의 전부였다. 그러나 여행의 끝마무리에 나는 아낄 게 없다고 마음을 정하고 구입했다. 집에 돌아와 어렵게 구한 하나하나를 정말 애지중지 다루었다.

그때 구입해 온 기념품 중에는 지금까지 40년 동안 외출할 때마다 나와 함께 하는 것이 있다. 열쇠고리에 달린 우표 한 장 크기의 주물로 된 장식인데, 이제는 호주머니 안에서 닳아 가장자리가 반질반질하게 되었다. 거기엔 요한복음 1장 1절의 말씀이 새겨져 있다. "IN THE BEGINNING WAS THE WORD(태초에 말씀이 계시니라)." 말씀이신 예수님이 인간의 몸을 입고 세상에 오셔서 우리를 사랑하셨고, 이제 나는 말씀이신 그 예수님을 내 안에 모시고 세상에 나아가 사람을 사랑하려는 것이다. 그때 기독교 서점에서 여행비를 '과용한 사건'을 생각할 때마다 나에게 마태복음의 말씀이 함께 떠오른다. "천국은 마치 밭에 감추인 보화와 같으니 사람이 이를 발견한 후 숨겨 두고 기뻐하며 돌아가서 자기의 소유를 다 팔아 그 밭을 사느니라"(마 13:44). 나는 이 말씀을 문자 그대로 체험했다.

*****

그리고 이제부터 끊어야 할 것을 생각했다. 술이 먼저였다. 그날의 '특별한 경험' 이후 술이 나를 더 이상 지배하지 못하는 것은 확실했지만, 그럼에도 직장의 저녁 문화 속에서, 그리고 가까운 친구들과 오래 이어온 '교제' 술은 완전히 끊기가 어려웠다. 그리고 나에게도 여전히 술은 가끔 '기분을 푸는데' 괜찮았다. 그러나 예수님과의 사랑이 깊어지면서 점점 그것마저 싫어졌다. 내가 사랑하는 예수님이 알코올을 탐하는 것을 싫어하시고 술도 예수님을 싫어하는 것이 확실했다.

새해 첫날 부부가 다니던 교회 신년 예배에서 목사님이 성도들의 새해 작정 기도 제목을 적어 주시면 따로 기도를 해주시겠다고 하였다. 나는 이렇게 또박또박 써서 냈다. "술을 끊는 새해, 일생 다시는 술잔을 들지 않기. 한 방울도. 술은 이제 영원히 굿바이." 이렇게 써서 드리고 부부는 그 추웠던 날 기도원에 가서 2박을 하며 금식 기도와 말씀 집회에 참석하고 개인 시간을 가졌다. 사흘째 되어 기도원을 떠날 시간이 가까워져 오는데 느닷없는 두통이 찾아왔다. 머리가 깨지는 것 같았다. 이렇게 참기 어려운 이상한 두통은 처음 경험해 보는 것이었다. 우리는 직감했다. 사단이 더 이상 참을 수 없어 나를 떠났다는 확신이 들었다.

처가에 들러 이틀간 맡겼던 두 아이를 태우고 집으로 돌아오는 내내 나의 영혼에는 자유와 평화와 기쁨이 있었다. 하나님은 그분의 일방적인 방법으로 나를 구원하셨지만, 이렇게 자기의 습관을 바꾸어 나가는 과정에서는 나의 결단과 자발적 참여를 요구하셨다. 나의 인격을 존중하셨다. 나를 훈육하시고 자라게 하셨다.

이렇게 예수님은 나에게 다시 한번 사람의 지각과 능력으로 이해할 수 없는 '원더풀 카운슬러', 문제의 해결자(Problem Solver)이셨다. 나의 체질과 생각과 감성을 지으신 그분만이 부서진 나의 체질과 생각과 감성을 고치실 수 있었다. 그분의 생각은 우리의 생각과 다르고 예측할 수가 없다. 그리고 나를 고치신 예수님은 그분이 직접 다루었던 나의 죄를 다시는 기억하지 않으시겠다고 약속하셨다. 사랑은 남의 실수를 기록에 남기지 않는다고 하였다(고전

13:5). 이제 나는 과거를 부끄러워하지 않아도 되었다. 내가 자랑할 분만 생겼다. 그분은 능력의 하나님이시고 사랑의 하나님이셨다.

이렇게 내 삶에서 술을 완전히 추방하고 나니 친구들과 직장 동료들의 반응이 나타났다. 먼저 나는 별로 재미없는 친구가 되었다. 내가 그 이유를 설명해 보아도 잘 알아듣질 못했다. 일 년쯤 지나면서 사람들은 나의 말보다 나의 달라진 모습을 보기 시작했다. 겉으로는 내색을 안 해도 속으로는 좋아하고 조금씩 이해하는 것 같았다.

또한 끊어야 할 것은 많이 있었다. 아버지를 설득하여 제사 지내는 것을 바꾸었다. 추모 기도로 바꾸고 횟수도 줄이고 싶었지만, 아버지는 끝내 받아들이질 않으셨다. 절충하여 아버지의 제사 준비를 '도와드리고' 우리 부부는 기도를 드렸다. 마음이 불편하기는 마찬가지였지만 이것이 최선이었다. 다른 문제들도 다루어 가며 변화에 성공하면서 나에게 용기와 지혜가 생겼다. "이제부터 긍정적인 것은 나의 대에서 시작하고, 나쁜 것은 나의 대에서 끊게 하소서. 나의 권한 안에 있는 것이면 내가 책임지고 지혜롭게 바꾸어 가게 하소서." 이렇게 변화를 만드는 역할을 자임하여 나의 책임이자 특권인 나의 가정부터 바꾸기 시작했다.

이렇게 하나님께서는 그분의 행하신 놀라운 일들을 알게 하시려고 나를 어두운 가운데서 불러내어 그의 놀라운 빛 가운데로 인도하셨다(벧전 2:9). 살았으나 죽었던 나는 이렇게 새 생명을 얻었다.

○○○
3절 신앙의 생활화

"지나간 날이 어떠하든 상관없다. 사람은 언제 어디서든 새로 시작할 수 있다. 예수님은 건강한 자에게는 의사가 필요 없다고 하시며, 언제나 '병든 자에게', 아니 죄인임을 시인하는 그런 사람들에게만 다가가시지 않으셨던가?" 나는 이런 마음가짐으로 예수님 손을 잡고 당당하게 일어섰다. 하나님은 먼저 사람을 선택해 그 삶을 바꾸어 놓으시고 그 사람을 다시 세상에 보내어 세상을 바꾸게 하신다고 했다. 그래서 나는 내가 살아야 하는 이유와 목적을 글로 써서 간직하고 다녔다. 나에게 전적인 책임이 있는 내 가정의 존재 이유와 가치와 가정의 주인이신 예수님이 가정에서 누구인지를 분명히 밝히는 "우리집 가훈"도 만들었다.

대대로 내려오는 잘못된 관례와 세상 사람들의 문화와 풍조를 나의 대부터 더 이상 따르지 않기로 하였다. 작은 것으로는, 나에게 전해져 오는 남을 비방하는 소리, 걱정과 분노를 일으키는 소문 같은 것도 내 차례에서 끊고 다른 이들에게 이어지지 않게 하는 것이다. 그리고 바람직한 변화들을 나의 대에서 시작하는 것이다. 예수님의 생애가 바로 이런 것이 아니었던가? 예수님은 인간의 역사를 바꾸어 놓으셨다. 잘못되고 어그러진 모든 구습을 파기하고 새로운 가치와 질서의 세상을 시작하시지 않으셨던가? 이렇게 작정하고 나니까 과연 살아야 할 의미와 목적이 나에게 분명해졌다.

내가 교회를 다니는 이유도 달라졌다. 할렐루야교회를 나의 교회로 새로 정하여 등록하고는, 곧 교회가 제공하는 훈련과 섬김의 기회를 나의 은사에 맞게 선택하여 지금에 이르기까지 섬기게 되었다. '예배 보는' 성도였던 내가 이제부터는 교제와 훈련과 섬김을 생활화하는 성도로 바뀌었다. 그러는 가운데 그리스도의 몸의 일부가 되어가며 변화와 성장을 경험하게 되었다.

직장도 나에게 의미가 달라졌다. 일을 하고 성과를 내고 보수를 받으며 사는 곳이었던 직장이, 이제는 동료를 사랑하고 고객과 사회를 섬기고 서로 협력하며 높은 가치를 만들어내기 위해 함께 배워가며 혁신을 일상화하는 곳으로 바뀌게 되었다. 거기서 나의 역할을 찾았고, 일과 함께 몸과 마음과 영혼도 건강하게 개발되었다. 일터가 고생과 저주의 산물이 아니라 하나님의 본래 디자인에 가까운 축복과 창조와 보람의 장소로 변해갔다. 크고 작은 변화를 지원하고 이끌기도 하며 많은 성과도 있었지만 거기에 따른 어려움도 많았다. 나와 나의 크리스천 동료들은 그때마다 이 기도를 드렸다.

"하나님, 제가 바꿀 수 없는 것은 그냥 받아들이도록 평강을 주시고, 바꿀 수 있는 것은 과감히 바꾸는 용기를 주옵소서. 그리고 이 둘을 잘 분간하는 지혜를 주옵소서." - 라인홀드 니부어

2장

변화와 성장

(Sanctification)

○○○
1절 신앙의 성장

"태어난 생명은 반드시 성장한다."

'3S 신앙'의 두 번째 S는 성화, Sanctification이다. 영적으로 변화하고 성장하는 것이다. 예수님을 믿어 구원받은 사람은 반드시 성장한다. 그리고 그리스도의 성품을 닮아가는 것은 가장 중요하다. 사도 바울은 로마서 8장 29절에서 "하나님이 미리 아신 자들을 또한 그 아들의 형상을 본받게 하기 위하여 미리 정하셨으니"라고 하였다. 진정으로 회심을 한 사람은 새로운 성품이 요구하는 모습을 스스로 추구하게 된다. 생각하는 것이나 말과 행동과 습관이 달라진다. 인격이 달라지고 관계가 달라진다. 예수님을 믿고 거듭났다고 해서 단숨에 성장을 이루는 사람은 아무도 없지만, 또한 예수 믿고 전혀 안 바뀌는 사람도 없는 것이다. 예수님이 "사람이 떡으로만 살 것이 아니요 하나님의 입으로부터 나오는 모든 말씀으로 살 것이라"(마 4:4) 하신 것처럼 육의 양식에만 의지하지 않고 영의 양식을 먹고 성장, 성화 되어가며 성령의 열매를 맺어가게 된다.

"오직 성령의 열매는 사랑과 희락과 화평과 오래 참음과 자비와 양선과 충성과 온유와 절제니 이 같은 것을 금지할 법이 없느니라"(갈 5:22-23).

나는 〈오늘의 양식〉 발행인 김상복 목사님의 오래전 글 "자신의 성숙을 도모하자"라는 제목의 글을 지금까지 책갈피에 넣고 다니며 읽어보곤 한다. 성숙한 그리스도인의 모습을 정확하고 빠짐없이 한 페이지에 모아 놓은 내용이다.

성숙한 신앙인이라면 어떤 사람입니까? 성숙한 신앙인은 구원받은 하나님의 자녀로서 날마다 주님 앞에서 말씀을 묵상하고 기도를 생활화하여 언제 보아도 싱싱한 나무처럼 푸르고 많은 열매를 맺고 있는 사람입니다.

성령의 지혜에 의존하여 이 세상에서는 뱀보다 더 지혜롭고 순하기는 비둘기와 같은 사람입니다. 남을 섬기기 위해서는 오리를 가야 할 때 십리를 가 줄 만큼 이웃 섬기기를 즐거워하여 언제나 이웃이 필요로 하는 사람입니다. 악의가 없어 접근이 두렵지 않고 순수하며 하나님께서 주신 은사를 최대한으로 사용하며 살 뿐아니라 무엇을 하든 사람 앞에서 하지 않고 하나님 앞에서 하는 특징이 있으며, 모든 일에 성실하여 믿을만합니다.

언제나 가슴에는 잔잔한 평화가 있고 안정감이 있으며 믿음과 소망과 사랑이 이분의 특징이요, 하나님에 대한 신뢰감으로 가득차 주님을 의지함으로 두려움이나 불안, 초조감이나 근심이 없고 오히려 주님의 임재를 확신하여 강함과 담대함이 엿보이고 삶 전체가 균형 있게 개발되어 좌로나 우로 치우치는 극단성이 없이 온건한 성품과 사고방식이 있습니다. 삶에 대한 전망이 건전하고 하나님께서 세워주신 윗사람들에게 순종하며 원수를 사랑하며 사는 사람입니다. 겸손하고 분내는 일을 잘 통제하고 성령의 힘을 의지하며 살기 때문에 성령의 열매가 인격과 행동에서 나타납니다. 성숙한 사람은 이와 같습니다.

예외야 있겠지만 일반적으로 이런 사람이 이 세상에서도 형통한 삶을 살 수밖에 없지 않겠습니까? 꾸준한 신앙의 계발로 예수를 잘 닮아가는 신앙인들은 점점 성숙해지며 "그 행사가 다 형통하리라"는 약속이 이루어질 것입니다. 그래서 날마다 자신의 신앙적 성숙에 초점을 맞추어 살아야 합니다.

*****

"But I love you"(그래도 난 네가 좋아)

내가 목사님을 통해 받은 가르침은 수없이 많다. 목사님이 오래

전 미국에서 목회하실 때의 이야기다. 어린 세 딸아이가 친구들을 집으로 데려와 2층에서 한참 재미있게 놀다가 그만 탈이 생겨 친구 하나가 아래층에 있던 첫째 딸에게 버럭 소리를 질렀다고 한다.

"I hate you!"(너 미워!)

아이들 대화를 듣고 있던 목사님은 딸아이가 어떤 반응을 할까 궁금해 귀를 세우고 있었다. 잠시 침묵이 흐르더니 딸아이가 이렇게 대답하는 것을 들었다한다.

"But I love you!"(그래도 난 네가 좋아!)

참으로 세상에서 듣기 어려운 대답이다. 예수님은 세상이 그를 미워할 것이고 제자된 너희들도 미움을 받게 될 것이라고 하시면서, 그러나 너희는 서로 사랑하라 하셨다. 사도 바울도 악을 악으로 갚지 말고 선으로 갚으라 하셨다. 목사님도 "사람 비슷하게 생겼으면 그냥 다 사랑하라"고, 아니 "사랑해 버리라"고 말씀하셨다.

어린 딸이 자기를 밉다고 하며 화를 내는 친구에게 "그래도 난 네가 좋아"라고 자신의 반응을 잠시 생각 끝에 선택할 수 있었던 것은 자연인으로서가 아니라 한 번 더 거듭나 예수님 닮도록 훈련되고 습관이 된 아이의 반응이다. 이 아이는 어릴 때 모습 그대로 반듯하게 자라나 의사 남편을 만나 평생 하나님을 사랑하고 사람을 사랑하여 지금도 부부가 해외에서 선교사와 목회자들을 돌보며 섬기는 삶을 은혜 가운데 실천하며 살고 있다. 이제는 어느덧 중년이 된 나이에 잔잔한 평화와 행복과 선함이 그의 얼굴에서 빛난다.

얼마 전 아빠 김상복 목사님과 둘이서 기독교 텔레비전 프로그램에 초대되어 나온 이 딸은 자기뿐 아니라 세 딸 모두에게 어렸을 때부터 지금까지 아빠가 세상에서 예수님을 제일 닮은 사람이라고 주저 없이 고백했다. 사회자는 이 부분을 놓치지 않고 질문을 이어 갔다. 목사님에게 딸들을 어떻게 키웠기에 이렇게 되었느냐고 물으니까, "아이들이 자랄 때 하루도 빠지지 않고 셋을 위해 기도를 했지요. 잘 때엔 옆에 가서 기도했어요. '주님, 이 아이들이 예수님 닮아서 키가 자라고(건강하고) 지혜가 자라게 하시고, 하나님과 사람 앞에 총애를 얻는 아이들로 키워주소서. 그리고 아브라함처럼 남들에게 복이 되게 하소서'하고 기도했어요." 대답은 역시 예수님 닮아가는 것이었다. 이렇게 대답하는 그들의 얼굴은 예수 그리스도의 빛을 반사해 비추는 듯하였다.

내가 김승욱 담임목사님으로부터 자주 듣고 늘 기억하는 말씀도 있다. "But God"(그러나 하나님은)이다. 영어 성경을 보니까 정말로 "But God"으로 시작하는 문장이 많다. 하나님은 그분의 말씀을 듣지 않고, 들어도 잊어버리고, 또 거역하는 백성들을 버리거나 처벌하기보다는 오래 참고 용서하시며 다시 한번 기회를 주신다는 내용의 많은 문장이 이 두 단어로 시작되고 있다. 광야를 지나는 동안 이스라엘 백성들은 수도 없이 이런 모습을 보였지만 "그러나 하나님은" 언제나 의외의 반응을 택하셨다.

이러한 "But God"을 본받아 우리도 "But I love you"를 할 수 있다. 이렇게 우리의 생각이 말과 행동으로 옮겨지고, 행동이 습관이 되고, 습관이 차차 인격을 형성하고, 인격이 결국 우리의 운명을 정한다는 것을 잊지 말아야 할 것이다. 우리의 다음 세대에게 이러한 본을 보일 수 있는 부모 세대가 되었으면 얼마나 좋을까 하고 진심으로 바라고 있다.

○○○
2절 그리스도인 되기

Being과 Doing

  스튜어트 브리스코(Stuart Briscoe) 목사님이 그의 책《꾸준히 성장하는 그리스도인의 9가지 태도》에서 어린 시절 인격의 형성이 얼마나 중요한지를 설명하며 소개한 예화를 오랫동안 기억하고 있다.

  어두워진 저녁 시간 하루 일을 마친 한 신사가 주차장으로 가 자기의 차 있는 곳을 보니 누군가가 자기 차를 자세히 살피고 있는 것이 보였다. 의심이 난 이 신사가 가까이 가 잡고 보니 열 살쯤 되어 보이는 남자아이였다. "너 여기서 뭐 하고 있어?"
  놀란 아이가 대답했다. "네~ 저는 자동차를 좋아해서요, 새로 나온 차들도 다 알아요. 그래서 이 멋진 차를 보고 있었어요. 이거 아저씨 거예요?" 의심이 덜 풀린 신사는 확인하듯 물었다. "그럼 이 차는 무슨 차인지 알아?" "네, 이 차는요, 금년에 새로 나온 캐딜락 모델이고요, 암갈색에다, 펄을 넣고…"

의심이 사라진 신사는 이런저런 이야기를 하다가 이 차는 부자인 자기 형이 사준 것이라고 자랑하듯 말했다. 이 말에 아이가 "아!" 감탄을 하는데 신사가 막으며 말했다. "아~ 너도 그런 형이 있었으면 좋겠지?" 이 말에 아이는 "아니예요 아저씨, 그게 아니고요, 제가 그런 형이 되었으면 좋겠어요!" 하였다. 그러면서 자기 집엔 아픈 동생이 있는데 부모님이 보살필 힘이 없어 자기가 사랑하는 어린 동생을 보살핀다고 하였다.

"그런 형이 있었으면(have that brother)" 이것은 having(소유)이다.

"그런 형이 되었으면(be that brother)" 이것은 being(인격)이다.

에리히 프롬의 《소유냐 존재냐(To Have or To Be)》라는 책은 베스트셀러가 되어 널리 읽혔다. 우리 주님은 우리 생명이 소유의 넉넉함에 있지 않다고 하셨다.

Being(인격)과 Doing(행동)은 둘 다 중요하지만 Being이 선행되어야 한다. 우리 말에 "먼저 사람이 되어야지!" 하는 말과 같을 것이다. 이것은 좋은 배우자를 만나는 것보다 나부터 좋은 배우자가 되는 것을 말하고, 황금알을 많이 낳기 전에 먼저 건강한 거위가 되는 것이다. 하나님을 위해 많이 수고하기 전에 하나님을 '사랑하는 사람'이 되는 것이고, 복을 많이 나누어주기 전에 '복 있는 사람'이 되는 것이다. 마음이 동할 때 사랑하는 것이 아니라 '사랑의 사람'이 먼저 되는 것이고, 때때로 섬기는 것이 아니라 '섬기는 종'이 되는 것이다. 우리 제자들에게 남을 섬기는 자가 으뜸이라고 강조해 말씀하신 예수님은 자신의 보좌를 뒤로 하고 이 땅에 종의 형체를 입고 우리에게 오셨다.

대학생선교회(C.C.C.)를 시작하였고 《사영리》와 영화 〈예수〉로 1억 5천만 영혼을 그리스도께로 인도한 빌 브라이트(Bill Bright) 박사가 한번은 하나님께서 어떻게 박사님을 이렇게 크게 쓰시게 되었는지를 묻는 릭 워렌 목사의 질문에 이렇게 답하였다고 한다.

"나의 젊은 시절 어느 날 하나님과 계약서를 썼지요. 실제로 종이를 꺼내 글로 쓰고 그 아래에 서명을 했습니다. 내용은 이랬습니다. '나 빌 브라이트는 오늘 이후로 예수 그리스도의 종입니다 (From this day forward, I am a slave of Jesus Christ).'"

그는 자신의 정체성, 'being'을 종이라고 한 것이다. 나는 가끔 이 주제로 이야기를 나눌 때 내 생각을 얹어서 말한다. "하나님은 예의를 반드시 지키시는 분이잖아요. 그런 분이라서 남의 종을, 아니면 양다리를 걸친 종을 함부로 데려다 자기 종처럼 쓰실 수가 없으시지요. 그러니까 빌 브라이트 같은 하나님의 종은 마음껏 사용하실 수 있는 거지요."

죄의 문제

이렇게 하나님의 종으로 헌신하였던 빌 브라이트 박사는 자신의 신분에 맞게 죄의 문제를 심각하게 다루었다. 특별히 결혼의 순결을 의지적으로 지키려 했다. "하나님, 제가 아내를 속이는 죄를 지으려 한다면 그전에 저를 죽여주세요(God, kill me before I sin against my wife)."

죄의 문제는 심각히 다루어야 한다. 구원도 죄로부터 깨끗이 용서받는 것이고, 성화도 죄로부터 점점 더 멀어져가는 과정이다. 김상복 목사님은 "죄는 지을 가치가 없다(Sin is not worth sinning)."라고 간단하게 정리하였다.

오래전에 들은 이야기가 있다. 어느 교회 유년부에서 선생님이 창조, 타락, 구원의 이야기를 들려주고서 아이들에게 "여러분, 우리가 구원받으려면 무엇을 해야 하나요?" 하고 물었다. 한 아이가 대답했다. "타락을 해야 해요."

죄부터 지어야 그다음에 용서가 필요하다는 대답이었다. 그런데 우리는 죄성을 타고 태어났기 때문에 일부러 죄를 지려고 '노력'을 하지 않아도 죄를 짓는다. 많은 그리스도인 지도자들의 멘토였던 R. C. 스프로울은 "우리가 죄를 지어서 죄인이 되는 게 아니고, (원래) 죄인이기 때문에 죄를 짓는 것이다(We are not sinners because we sin; we sin because we are sinners)."라고 하였다.

지금의 세계는 악한 것을 악하다고 말하기가 점점 더 어려워지고 있다. 모든 것을 '포용'해야 한다고 말한다. 죄를 죄라고 말하는 것이 죄가 되고 있다. 서구에서 시작한 이런 바람이 어디까지 퍼져 나갈지 모른다. 이 죄의 문제를 어찌해야 할까?

우리가 진정 말씀 속의 하나님과 예수님을 사모하고 본받아가는 성화의 과정에 있다면 죄는 점점 싫어지고 멀리하게 된다. 그리고 사단을 꾸짖어 가까이 오지 못하고 놀라 도망가게 해야 한다. 그러나 교활한 사단은 우리를 홀리기 위해 달콤한 미끼를 가지고 접근하기 때문에 우리에게는 의지적 결단이 필요하다. 사단은 대항해 쫓아내야 하지만 그가 제시하는 미끼에는 눈을 돌리고 발을 돌려 피해 가야 한다. 처음부터 가까이하지 않는 훈련이 되어있어야 한다. 위험한 곳인 줄 알면서도 가까이 가는 것은 어리석은 행동이다. 우리의 영적 전쟁은 거듭난 순간부터 시작해 성화가 완성되고서야 끝난다고 하였다. 이 말은 죽을 때까지 전쟁은 계속된다는 뜻이다.

나는 비싼 값을 치르고 죄의 무서움을 배웠다. 술을 조금씩 가까이하다가 미끌어져 풀에 빠졌었다. 인생의 위기였다. 도와달라고 소리치는 나를 예수님이 건져주셨다. 예수님은 그런 나를 온전히 회복해 주셨을 뿐 아니라 새 사람을 만들어주셨다. 그분께 돌아와 낭비된 것도 가치 있게 회복되고 깨어진 틈새로 들어오는 신비한 빛을 처음으로 보았다. 죄가 있는 곳에 은혜도 많았다. 그럼에도 다시 한번 깨닫게 된다. "죄는 처음부터 지을 가치가 없다." 이것이 맞는 말이다.

하나님의 은혜 가운데 사는 사람은 반드시 성장한다. 굴욕과 실패를 통해 자신의 참모습을 보게 되고, 거기서 주 안에 있는 새 세상과 새 가능성을 보게 되기 때문이다. 성화의 과정은 도로 보수공사와도 비슷하다. 〈공사 중입니다. 보행에 불편을 드려 죄송합니다〉라고 표지판을 세워 알리듯, 우리도 겸손하면서도 부끄러워하지 않고 자신의 부족을 시인하면 오히려 이해받고 신뢰를 얻는다. 나는 자신의 내면을 열어 편하게 공유할 수 있는 분들에게서 "정서적으로 건강한 영성"의 모습을 본다. 전인격적으로 온전하신 예수님의 모습을 떠올리며 나도 그렇게 닮기를 원하게 된다.

내가 사는 목적(My Mission)

자신이 세상을 사는 의미와 목적을 글로 써보면 처음엔 어려워도 써놓고 보면 마음에 평화와 안정감이 훨씬 커진다고 한다. 그러나 자신의 삶을 구체적으로 정의하려는 사람은 많지 않고 더구나 글로 써서 가지고 있는 사람은 극소수이다. 나는 회사에서 '인간 존중'을 기반으로 하는 새로운 기업 이념과 주요 방침의 초안을 만드는 작업도 해보았고, 모든 사원이 자신의 삶의 의미와 목적을 생각하고 스스로 글로 써보는 것을 포함한 3일간의 의미 있는 워크숍 프로그램도 시행해 보았다.

참가자들은 이 작업의 취지와 방법, 그 유익에 대해 충분한 이해가 있고 나서 조용히 자신의 삶에 대해 글로 써보는 시간이 되면 사뭇 진지한 정적이 감돈다. 어떤 사람은 기다렸다는 듯 즉시 써 내려간다. 벌써 충분히 생각해 둔 것이 있는 것 같다. 개인적으로 하나님을 믿는 믿음이 있다는 것을 내가 아는 사람들은 이 시간을 즐기는 것 같기도 했다. 정성껏 완성한 사람 중에는 나중에 자진하여 모든 참여자 앞에서 이 내용을 나누기도 한다.

그러나 또한 많은 사람이 낯선 시험 문제를 받은 학생처럼 펜이 움직이질 않는다. 괴로운 듯 머리를 들지 못하는 사람도 있고 어깨를 흐느끼는 것 같은 모습도 본다. 자신이 여태 살아오면서 "나는 누구인가, 왜 사는가, 무엇이 나에게 중요한가"를 글로 쓸 수 없는 자신을 처음 발견하며 느끼는 당혹감으로 보인다. 그 모습을 보면 나의 마음도 아파온다. 사회와 직장에서 그 많은 교육과 훈련을 받아온, 수많은 어려움을 이겨낸 직장의 중견 사원이며, 가정을 책임지는 가장이며 아빠이고 남편이다. 인생의 청년기를 지나 이제 중년이 되어가는 우리 주위의 그 수많은 김 과장, 이 차장, 박 부장들이다. 그들이 이렇게도 자신의 삶을 글로 써서 설명할 수 없는 것이다.

나는 그리스도인이 되고 중년이 되면서 나 자신의 삶의 의미를 글로 썼다. 그것은 나의 인생에서 가장 중요한, 내가 평생 섬기는 가족과 교회와 일터의 동료들이 나의 맨 마지막 날에 "나를 이런 사람으로 기억해 줄 수 있다면" 하는 형식을 취해 나의 꿈을 글로 적었다. 사명 선언서(Mission Statement)라고 해도 좋을 것이다. 이것은 내가 이런 모습을 다 갖추었다는 것도 아니요, 비슷하게 되었다 함도 아니고, 다만 그런 모습을 늘 마음속에 지니며 살고 있다는 것이 맞을 것이다. 여기에 나눈다.

■ 나의 아내가 남편이었던 나를 이렇게 회고해 주었으면;

"그는 내 평생의 좋은 동반자였다. 우리는 고통을 통해 함께 성장하며 더 든든한 큰 나무가 되었다. 우리는 하나님이 한 부부에게 주시는 모든 축복을 받았고 나누었으며 모든 가능성을 함께 실현하였다."

■ 나의 두 자녀가 아버지였던 나를 이렇게 회고해 주었으면;

"그는 나의 스승이요 친구요 보호자였다. 그로 말미암아 예수님을 만나 진정한 행복을 찾게 되었다. 그가 나에게 준 사랑과 신뢰는 평생 흔들림이 없었다. 나는 나의 자식들을 위해 그 전통을 이어나갈 것이다."

■ 나의 형제들이 나를 이렇게 회고해 주었으면;

"자랑스런 동생, 집안을 믿음의 가정으로 바꾸고 변화를 리드한 사람. 그리스도의 향기를 평생 전해준 동생."

■ 나의 교회 담임목사님과 성도들이 나를 이렇게 회고해 주었으면;

"그는 그리스도에게 온전히 헌신한 성도였다. 그는 할렐루야교회가 살아있는 그리스도의 몸이 되도록 하나님이 주신 은사와 예수에 대한 사랑을 모두 내어놓았다."

■ 나의 회사의 동료들이 일생 한 직장을 섬겨온 나를 이렇게 회고해 주었으면;

"그는 직장이 인간의 삶의 현장임을 언제나 잊지 않았다. 그는 기업의 변화하는 가치관 가운데서도 언제나 인간의 존귀함을 대변하고 변호하고 확장하였다."

〈이덕진〉

하나님의 은혜로 구원을 받고 새로운 비전과 가치관으로 자라가던 나는 어느 날 하루 조용히 앉아 한 페이지 글로 나의 가장 중요한 '이웃'이 누구인지, 그들을 어떻게 사랑할 것인지를 이렇게 글로 적었다. 그들은 첫째 나의 가족이요, 둘째 주 안에서 한 형제 자매 된 사람들이요, 셋째 일터와 더 넓은 사회 공동체이다. 그리고 이들 각각에 대한 나와의 관계와 나의 역할을 적었다. 손에 잡히는 어떤 달성 목표가 아니라 나의 태도와 'Being'이라 하겠다. 그리고 이 소원대로 살아보려고 애쓰고 또 누렸던 이야기들은 이어지는 가정, 교회, 일터를 다룬 장(章)에서 나누려 한다.

○○○
3절 세상 속의 그리스도인

'하나님의 가발 가게'

복음이 거듭난 사람의 내면에 가치로 자리 잡아 삶의 현장에서 꾸준히 열매로 나타나는 것을 볼 때, 우리는 언제나 감명을 받고 많은 이들이 희망을 보게 된다. 여기에 내가 나누고 싶은 사례가 있다.

미국 캘리포니아에서 50여 년 전 시작한 이 가게는 크리스천 여주인과 딸이 운영한다. 나의 누이와 조카이다. 일손이 늘 부족하지만 오랜 친구들이 와서 도와준다. 이들은 처음엔 고객으로 시작하여 사귐을 통해 친구가 된 사람들이다. 주인과 친구들은 이 집을 찾는 손님을 중보기도의 대상으로 여긴다. 출납 데스크엔 누구나 기도 제목을 적어 넣을 수 있게 상자가 놓여있다. 깨끗하고 꽤 넓은 가게 공간에는 영업시간뿐 아니라 문을 닫고 어두워진 시간에도 FM 라디오를 통해 찬송과 기도와 하나님 말씀이 은은히 퍼진다. 이곳은 하나님의 공간인 것이다.

주인은 가발을 사러 온 손님들의 필요를 끝까지 잘 듣고는 가장 알맞은 물건을 골라준다. 그러다 보니 매우 개인적인 속사정까지 듣게 된다. 항암치료를 받느라 가발이 필요하게 된 가족의 사연, 주말 데이트를 준비하는 여성, 삶의 여러 위기 앞에 놓인 이야기들이다.

손님 중에는 간혹 물건을 슬쩍 가방에 넣는 사람도 있었다. 오늘 데이트가 있다던 한 여인이 그랬다. 주인은 이 장면을 다 보았지만 못 본 체하였다. 계산대에 온 그에게 주인은 딸을 대하는 엄마처럼 따뜻하게 물었다. 데이트할 용돈은 충분하냐고. 겸연쩍은 표정으로 "조금 있어요"라고 대답하는 그에게 주인은 돈 얼마를 손에 쥐어주며 오늘 저녁 좋은 시간 가지라고 하며 축복하고 보냈다. 돈을 받아 들고 가게를 나온 여인은 속으로부터 북받쳐오는 자책감과 설움을 견디지 못해 주인에게로 돌아와 모든 사실을 토설했다. "괜찮아요." 주인에게서 이 말을 들은 여인은 예수님의 은혜에 처음으로 눈을 뜨게 되었는데, 그때부터 주인의 진정한 친구요 딸 같은 사이로 자라가며 장차 기도 사역에도 동참할 사람이 된다.

마약으로 고생하는 손님 중에 기도 요청을 하고는 얼마 후 환한 얼굴로 찾아와 "나 이제 약 끊고 자유해요. 기도해 줘서 너무 고마워요."라고 하는 이도 있었다. 암으로 투병하던 손님들도 중보 기도자들에게 종종 기쁜 소식을 가져온다. 이곳의 손님은 가발을 사러 왔다가 인생의 구원을 얻는다. 예수님 닮은 주인을 통해 받는 축복이다. 가게의 인터넷 홈페이지에 들어가 보면 손님들이 올려 놓은 글들이 올라가 있다.

"House of Wig(가게 이름), 그곳에 가면 세상에서 가장 아름답고 놀라운 두 사람, 덕원과 맥신이 있다. 그들은 손님을 한 인간으로 섬긴다."

또 어떤 고객은 "고향에서 항암 치료 중인 사랑하는 가족에게 보낼 가발을 사러 갔다. 가게 주인은 오랜 시간 나의 필요를 끝까지 들어주고 가장 알맞은 물건을 고르게 하였다. 물건값을 지불하는 나에게 주인은 내 가족을 위해 우송료는 자기가 부담해도 되겠냐고 하면서 환한 얼굴로 나에게 돈을 주었다. 가게를 나오며 잠깐 생각하였다. 세상엔 이런 사람들이(humanity) 사라졌다는 것을 새삼 발견하였다." 오랫동안 본 적이 없어 잊어버렸던 한 인간다운 인간의 얼굴을 그 가게에 가서 보았다는 것이다.

오래전 로스앤젤레스에서 시작한 폭동이 북으로 번져 이곳 팰로알토 지역의 한인 점포들까지 차례로 위험에 노출되었던 때의 일이다. 옆집 한인 식료품점, 세탁소가 차례로 파괴되고, House of Wig 차례가 되었다. 이 위험한 순간에 고객들과 주민들이 손에 손을 잡고 나서서 그곳을 지켜 주었다. "이 가게는 우리의 친구이니 절대로 손을 대지 마시오." 하나님은 유월절 재앙이 건너뛴 것처럼 이 가게를 보호해 주셨다.

그러다 처음 시작하여 수십 년을 이어온 가게 터가 도시계획으로 지정되면서 다른 곳으로 옮겨야 하는 위기를 맞았다. 정해진 절차를 따라 마침내 이곳을 떠나게 된 날, 주인은 마지막으로 자물쇠를 잠그며 지난 세월 동안 삶의 터전, 믿음의 터전이었던 이곳의 진정한 주인이셨던 하나님께 짧은 기도를 올려드렸다. 이때 하나님께서 이 집의 천장과 지붕 사이 한쪽 공간에 계시다가 "딸아, 네가 여기서 기도하며 일하는 그 모든 시간에 내가 여기를 떠나지 못했단다. 가라. 내가 함께하마." 이렇게 말씀하시는 음성을 들었다고 한다. 그 후 앞날을 모른 채 새로 옮겨간 가게 터는 개발이 덜된 뉴타운이었다. 그러나 하나님은 곧 그곳을 세계 IT산업의 중심지인 실리콘 밸리의 한 구역으로 발전시키시며, 새로운 계층의 고객들을 줄이어 보내셨다. 하나님은 사업을 축복하셔서 북가주에서 매우 특별하게 이름난 한 가발 가게로 만드셨다.

이 주인의 비즈니스는 가발 판매가 아니라 사람을 사랑하는 일이다. 가게를 터전으로 그 위에 하나님의 나라를 세웠다. 먼저 하나님에 부요한 그는 덤으로 주신 재물의 축복을 가지고 누구를 도울까 기도하며 정한다. 찾아오는 고객 중에는 가발을 사러 온 것이 아니라 가끔 자신의 문제를 가지고 이야기를 나누고 싶어 오는 사람들도 있다. 대개는 소문을 듣거나 전문 상담사와 상담하다가 이 가게 주인과 만나 이야기하면 그들이 줄 수 없는 다른 도움을 받을 수도 있을 것이라 말해주어 찾아왔다고 한다.

복음서에서 가난하고 병들고 처절했던 사람들을 상대도 해주지 않고 도울 능력조차 없었던 종교인이나 율법사들과 달리, 몸소 나서서 그들의 병을 고치고 영혼까지 구하시는 예수님처럼, 가게 주인은 찾아온 사람들을 그렇게 대한다. 그것은 예수님과 동행하며 그를 사랑하며 그의 심장을 가지고 살아온 한 사람에게서 저절로 나타나는 사랑과 이해와 컴패션의 언어이며 '라이프 스타일'이다.

그를 만나는 사람은 영혼이 고양되어 떠났다가 잊지 못하고 보고 싶어 또 오게 된다. 그 가게 주인과 말을 나누고 싶어서, 오랫동안 맡아보지 못한 예수님 닮은 향내가 그리워서, 간혹 오늘은 어떤 옷을 입었는지 궁금해서 왔다고 딸에게 귀띔해 주기도 한다. 이곳은 가발 가게요 헤어샵이지만, 동시에 영혼의 안식처(shelter)요, 커뮤니티의 등불(lighthouse)이요, 믿음의 회당(sanctuary)이요, 인생의 의원(clinic)이기도 하다. 비즈니스로 복음이 전파되는 BAM(Business as Mission)의 현장을 지나, 복음이 삶으로 보이는 LAM(Life as Mission)의 현장이다.

이 가게 주인은 나의 사랑하는 둘째 누이 덕원(Denise)이다. 그는 여섯 형제 중에서 몸은 제일 약했지만 예수님을 사랑하신 어머니의 신앙을 잘 물려받았다. 어머니와 누이 셋은 모두 미션 스쿨인 이화 학교 동문으로 그중에 이 누이는 어려서부터 막내인 나의 신앙을 챙기며 예수님의 사랑을 전하였다. 그러다 60년대 초에 미국 유학을 간 그는 한국에 남겨두고 온 동생인 나를 가슴 아파하며 "보고 싶은 덕진아!"로 시작하는 장문의 편지를 그 바쁜 생활 속에서도 자주 보내왔다. 누이의 편지는 나에게 고상하게 들렸지만 너무 길고 어려웠다. 그러나 내가 거듭난 후 모아두었던 누이의 글들을 다시 읽어보니 그것은 모두 요한복음과 로마서에 있는 하나님 사랑을 눈물로 동생에게 전하는 간절한 내용의 편지였다. 내가 예수님께 온전히 회심하고서 그 기쁨을 누이에게 알렸던 1983년의 크리스마스카드를 받은 누이는 말로 다할 수 없는 기쁨과 감사와 영광을 하나님께 드렸다. 지금도 나와 전화할 때면 칠십이 넘은 나를 아직도 '어린 동생(baby brother)'으로 사랑하며 보고 싶다고 한다.

얼마 전 전화에서는 이런 말을 들려준다. 이제 팔십이 넘어 몸은 약하지만 하나님이 주시는 힘으로 아직도 일을 할 수 있는 것에 감사하며 이런 기도를 한다고 한다. "하나님, 나에게 꼭 원하시는 일이 있으면 나는 아낌없이 죽을 준비가 되어있습니다. 그리 아시고 언제든지 주님 뜻대로 사용해 주세요." 이 이야기를 듣고 나니 오래전 누나와 전화로 하나님 사랑에 대해 나눴던 아가서의 한 구절이 생각났다.

"사랑은 위험과 죽음에도 굴하지 않는 것, 그 열정은 지옥의 공포를 비웃는답니다. 홍수도 사랑을 익사시키지 못하고 억수 같은 비도 사랑을 꺼뜨리지 못합니다"(아 8:6-7, 메시지).

나는 교회 안에서도 이 가발 가게 이야기를 적절한 자리에서 나눈다. 한 분은 병원의 의사로서 큰 도전을 받고 이 가게처럼 운영을 해보겠다고 하였다. 간호사들을 피고용인이 아닌 섬김의 동역자로 여기고, 환자들을 치료의 대상이나 고객의 한 사람으로만 보는 것이 아니라 그 영혼을 돌보아야 하는 대상으로 보게 되었다 한다. 또 기도 제목을 받아두는 상자도 만든다고 한다.

믿는 사람들이 신앙을 생활화할 때, 예수님처럼 교회 밖 세상에 나아가 예수님의 가슴으로 사람을 섬길 때 셀 수 없이 많은 이 땅의 일터들이 하나님 나라가 될 수 있다. 하나님의 나라는 가슴에 하나님 나라가 있는 사람들에 의해서 만들어지기 때문이다.

3장
———
섬기는 삶
(Service)

1절 섬기는 자가 큰 자

'3S 신앙'의 세 번째 S는 Service이다. 섬기는 삶이다. 구원의 기쁨이 우리의 영혼을 살리고 지속적으로 성장하게 되면서 결국 하나님과 가족과 교회와 일터와 이웃을 섬기는 사람이 되어야 한다. 이 세 가지를 다 겸비하면 균형 잡힌 신앙인이라 하였다. 그런데 기독교 신앙에서 '섬기는 사람'이란 일반적으로 통용되는 섬김의 의미와는 매우 다르다. 김상복 목사님은 그의 책《성품》에서 섬기는 사람에 대해 알기 쉽게 설명했다. 여기에 요약해 드린다.

예수님께 오면 일등은 필요 없습니다. 예수님한테 오면 누구나 일등을 합니다. 세상에는 일등이라는 자리가 하나밖에 없지만 예수님께 오면 누구나 일등 인물이 됩니다. 그 일등 인물이 누구인가? 이기적이고 자기중심적인 사람이 아니라 남을 섬기는 사람입니다. 자기 자신이 아니라 다른 사람을 위대하게 만드는 그 사람이 위대한 사람이라는 것입니다.

세상에 위대한 사람들은 맘대로 주관하고, 권력을 쓰려고 하지만 예수님 말씀에 "너희들은 그렇지 않다 너희들 가운데 으뜸이 되고자 하는 자는 오히려 너희를 섬기는 자가 되라 크고자 하는 자는 종이 되라"고 하셨습니다.

예수님의 제자들 가운데에도 최고 인물이 되고 싶은 사람들이 있었습니다. 세베대의 어머니, 야고보와 요한, 셋이 예수님 앞에 절하면서 말하기를 "예수님께서 왕이 되시면 내 큰아들은 오른쪽에, 작은아들은 왼쪽에 앉혀주십시오." 했습니다. 예수님 좌우 최고 자리에 앉혀 달라고 했습니다. 그때 예수님께서 대답하시기를 "그런 것은 너희들이 하는 것이 아니라 하나님이 하시는 것이다. 네가 내 마시는 잔을 너희가 마실 수 있겠느냐?"고 했습니다. 그러자 "그 잔이 무슨 잔이든 마시겠습니다."고 대답했습니다. 예수님이 마시고자 했던 그 잔은 죽음의 잔이었습니다. 인류의 죄를 대신 지고 가실 속죄의 잔이었습니다.

우리는 하나님이 인정하는 최고의 인물로 이 땅에 살 수 있습니다. 세상의 기준으로 세상에서 최고가 되기 위해 애쓰지 맙시다. 하나님의 기준으로 세상에서 최고가 되기 위해 노력합시다. 하나님 나라에서 최고의 인물은 바로, 섬기는 사람입니다.

이렇게 성경에서 하나씩 배워가면 내 가치관이 달라지고 변화가 나타납니다. 내 인격이 달라지고 변화되고 성장합니다.

나는 이러한 내용을 여러 해 평신도목회 과정을 통해 배웠다. 나의 타고난 기질도 그랬지만, 교회와 일터에서 어떤 직분을 원하거나 더 높은 직급으로 가기 위해 의지적으로 애를 썼던 기억이 없다. 다만 내가 할 수 있고, 하고 싶고, 교회에 필요하고, 대의에 맞는 일을 할 때 즐거웠다. 이렇게 교회와 일터에 기여하면 나에게 성장의 기쁨이 따라왔다. 이러한 경험은 성경 말씀 그대로였다. 하나님 말씀은 진리이고 정밀과학과 같아서 한치도 틀림없다는 말이 지금까지 점점 더 확실해지고 있다.

2절 섬기는 지도자 예수님

목사님은 또한 《평신도 신학》에서 예수님의 섬김이 어떻게 다른
지를 이렇게 설명하고 있다.

섬기는 지도자의 부족은 가정, 교회, 직장, 사회, 국가에서 뚜렷
하게 나타나고 있다. 지도자의 자리에 앉아있는 사람은 많으나
지도자의 자질을 가진 사람은 찾기가 힘들다. 현재 인류의 3분의
1이나 되는 사람들이 진심으로 따르는 예수님과 같은 성경적 지
도자는 더욱 만나기 어렵다. 이분은 대통령, 교수, 회장, 사장, 교
장 같은 지도자의 권위를 상징하는 공식적인 지위를 가져본 적이
없다. 책을 한 권 쓰신 적도 없고, 공식적인 학교를 세우신 적도
없다. 상대방을 지배하기 위해 한 방의 총알도 쏘아보신 일이 없

다. 그러나 전 세계에서 그분을 위해 살겠다는 지원병이 쏟아져 나왔고, 심지어 목숨마저 버리겠다는 순교자들이 그분 앞에 수없이 나타났다. 이분과 같은 리더십이 있다면 세상은 변할 것이다. 세상이 체험하지 못하는 새로운 질서와 새로운 관계가 나타날 것이다.

오늘날 기업과 사회 전반에서 보편성과 효과성을 인정받는 리더십 모델들은 대개 성경적 가치와 맞닿아 있다. 존 맥스웰(John Maxwell)의 청소년 리더십 교본 〈리드 투데이(LT)〉는 더욱 그렇다. 내용은 아브라함, 요셉, 모세, 다윗, 다니엘 같은 성경 인물들의 사례에서 15가지 리더십 특성을 찾아내 훈련교재로 개발한 것이다.

나는 세계 모든 그리스도인의 80%가 넘는 사람들이 예수 그리스도를 14세 이전에 영접한다는 사실에 기초하여 4세에서 14세 아동의 복음화에 초점을 둔 '4/14 윈도우 한국연합'의 한 부분을 섬기며, 이 교재의 우리말 개역 작업에 참여하였다. 교재를 완성하고 보급하다 보니 15가지 리더십 모형은 사실 예수님 자신이 우리를 위해 모두 보여주셨다는 사실이 새삼 떠올랐다. 그분은 하나님이셨지만 또한 '사람'으로서(God-Man) 우리가 직접 볼 수 있도록 삶 속에서 섬기는 리더십의 본을 보이신 것이다. 나는 며칠을 묵상하면서 LT의 리더십 모형들을 따라 내가 발견한 '예수님의 리더십'을 적어보았다. 그리고 이 훈련에 참여하는 여러 교회의 리더들과 공유하였다.

예수님의 리더십

영향력(Influence): 예수님은 세상에서 사회적 지위와 아무런 상관이 없이 일하셨습니다. 그분은 이 땅에 사시면서 만나는 사람 누구나를, 나아가 인류의 삶을 영원히 바꾸어 놓았습니다. 철학과 음악과 미술과 과학과 사회와 문화와 인간의 품성에까지 영향을 주었습니다. 그는 진실로 영향력의 사람이었습니다.

비전(Vision): 그분은 언제나 "하나님의 나라는 이런 곳"이라 하시면서 지금 이곳이 아니라 우리가 가야 할 곳을 가리키셨습니다. 모든 것을 팔아서라도 사두어야 할 곳, 아름다운 곳, 눈물도 아픔도 없는 곳, 정말로 가고 싶은 곳, 반드시 가야 할 곳, 그곳을 바라보며 살게 하셨습니다. 그는 진실로 비전의 사람이었습니다.

진정성(Integrity): 그분은 느끼시는 것과 생각과 말씀과 행동이 한번도 불일치하신 적이 없었습니다. 그는 진리의 사람이었습니다. 아니 그분이 진리였습니다. 그분은 사람의 겉모습을 보지 않고 속에 있는 그 사람의 진짜 모습을 보시고 그것을 고쳐주셨습니다. 그는 진실로 진정성의 사람이었습니다.

성장(Growth): 그분은 키가 자라고 지혜가 자라고 하나님과 사람의 총애를 받으셨습니다. 공생애를 사실 때 그분은 모든 사람이 본받을 장성한 분량의 성품을 이루셨습니다. 그의 인격은, being은 완전한 아름다움과 진실함과 선하심, 곧 진선미 그것이었습니다. 그는 진실로 성장의 사람이었습니다.

주도성(Initiative): 그분은 문제를 회피하지 않으셨습니다. 문제는 다 '숨겨진 기회'였습니다. 자신을 내주었습니다. 우리에게 늘 두려워하지 말라고 하셨습니다. 그분은 일상의 실패를 실패라 하지 않았습니다. 자신을 섬기느라 남을 섬기지 못하는 사람을 실패자라 하였습니다. 그는 진실로 주도성의 사람이었습니다.

자기 절제(Self-discipline): 그분은 왕이신 하나님 앞에서 일하셨기에 언제나 감정과 행동을 통제하는 자기 절제가 있었습니다. 장래에 누릴 기쁨이 너무나 크고 확실했기에 눈앞의 유혹과 위협이 문제가 되지 않았습니다. 원수의 귀를 칼로 내려치는 제자를 야단치셨습니다. 그는 진실로 자기 절제의 사람이었습니다.

타이밍(Timing): 그분은 잠잠할 때와 말할 때, 행동할 때를 아셨습니다. 구약 이후 4백 년이 되어 '때가 차매' 우리에게 오셨습니다. 혼인 잔치에서 '아직 내 때가 아니라' 하셨던 그분은 정말로 때가 됨에 예루살렘에 입성해 예정한 정확한 시각에 사역을 완성하셨습니다. 그는 진실로 타이밍의 사람이었습니다.

팀워크(Teamwork): 그분은 성부 성자 성령 '삼위일체 팀'의 한 분 성자이십니다. 세 분은 '우리'라 부르시며 팀으로 일하십니다. 또 예수님은 열 두 제자를 한 팀으로 훈련해 사역을 맡기셨습니다. 이들이 또 나가서 계속 팀을 만들어 세계의 역사를 바꾸어 왔습니다. 그는 진실로 팀워크의 사람이었습니다.

태도(Attitude): 그분은 행복한 사람의 태도를 완전히 새로 쓰셨습니다. 섬기는 자, 심령이 가난한 자, 애통하는 자가 행복하다고 하셨습니다. 그분은 위기 앞에서 용기를, 거짓을 강요당할 때 진실을 선택하였고, 모두가 정죄하는 여인에게 존엄과 은혜를 선물하였습니다. 그는 진실로 태도의 사람이었습니다.

우선순위(Priority): 그분은 먼저 하나님의 나라와 그의 의를 구하라 하셨습니다. 눈앞의 다급한 일보다 멀리 있는 더 중요한 것을 잡았습니다. 그분은 자신의 태도를 시험당하는 절대적 순간에도 음식보다 아버지 말씀이, 세상 영광보다 하나님 경배가 먼저라고 했습니다. 그는 진실로 우선순위의 사람이었습니다.

관계(Relationships): 그분은 사람을 사랑하고 신뢰하고 존중하고 이해하셨습니다. 사람을 사랑하되 끝까지 사랑하였고, 실수를 거듭하는 사람을 버리지 않으셨고, 처절하게 상처받은 사람의 인격을 존중하였고, 그에게 나오는 사람들의 깊은 속을 다 이해하였습니다. 그는 진실로 관계의 사람이었습니다.

책임감(Responsibility): 그분은 하나님이 오래전부터 하신 약속을 자신의 삶으로 다 지켰습니다. 자신이 감당해야 할 책임을 완수하였습니다. 가르치고 치유하고 복음을 전하고, 그리고 목숨을 내어놓고 다 이루고 떠나셨습니다. 그분은 인간이 감당할 수 없는 것까지 '초과달성'하였습니다. 그는 진실로 책임감의 사람이었습니다.

소통(Communication): 그분은 '소통의 달인'이었습니다. 누구나 깨우치기 쉽게 비유로 말씀하시고, 영혼을 흔들어 깨우셨습니다. 그러나 그분은 말씀을 잘 전하는 분만이 아니라 자신이 바로 '말씀'이었습니다. 하나님의 메시지였고, 삶 자체가 '좋은 소식'이었습니다. 그는 진실로 소통의 사람이었습니다.

리더 키우기(Developing Leaders): 그분은 사람을 모아서 가르치고 본을 보이고 섬기고 코칭을 하셨습니다. 실수를 통해 배우게 하고 시험에 들지 않게 기도하셨습니다. 제자들에게 '너희는 나보다 더 큰 일도 할 것'이라 격려하시며 모든 잠재력을 발휘할 수 있게 만드셨습니다. 그는 진실로 리더를 키우는 사람이었습니다.

리더 이상의 리더(More than a leader): 그분은 사람의 내면을 바꾸어 섬기는 자로 만들어 가족, 친구, 이웃, 일터, 사회에까지 선한 영향력을 끼칠 수 있게 도우시는 좋은 리더이십니다. 그러한 그는 하나님의 아들이요, 세상의 구원자요, 하나님 자신입니다. 그는 진실로 리더 이상의 리더였습니다. 이 예수님이 바로 우리의 리더십 모형입니다.

*****

내가 예수님의 리더십을 배우게 된 것은 직장에서 시작되었다. 회사의 중견 사원이 되었을 때 기업의 문화, 경영의 원칙, 리더십 개발과 같은 커다란 변화를 이끌 코디네이터(촉매자)의 역할을 회사로부터 제안받았다. 10년 넘게 전산실장으로 일하던 나에게는 새로운 분야의 일이었다. 나의 커리어가 기술적 분야에서 '사람'의 가치를 올리는 경영 문화 쪽으로 바뀌는 큰 결정이었다. 회사로서도 큰 변화를 결심한 때였다. 80년대 한국의 앞서가는 기업들이 기술의 혁신을 넘어 사람과 경영의 본질에 눈을 뜨며 선진 사례들을 배우고 도입하기 시작하던 때였다.

그러나 이 과업을 전담할 준비된 인재도 역시 부족하다 보니, 평소에 상대적으로 이 분야에 자질이 있어 보이고 외국에 가서도 기본적으로 언어와 문화적 소통이 가능한 사람을 찾다가 나에게 제안이 들어온 것이다. 나는 하루 생각할 시간을 달라고 하여 그날 밤 마음의 결정을 하고 다음 날 상사에게 말씀드렸다. 나의 결정은 쉬웠다. 내가 맡을 일을 생각해보니 '일터에서 사람의 가치를 올리는 일'이었고, 이것은 무엇보다 하나님이 기뻐하실 일이었다. "왜 이 일을 해야 하나?" 하는 질문에 확실한 답이 나왔으니, "어떻게 감당할까?"라는 질문은 별 의미가 없어졌다. '선한 일'을 시작하게 하신 이가 끝까지 힘을 주시고 도와주실 것을 믿었다. 그리고 하나님은 실제로 세밀하게 그 길을 인도하셨다. 이것이 내가 회사를 은퇴할 때까지 하나님이 주신 은사를 개발하고 사용하여 사랑으로 사람을 섬길 수 있는 시작점이 되었다.

나의 첫 번째 임무는 외국의 선진 사례들을 보고 배우고 돌아와 회사에 보고하고 이어서 계획을 수립해 지속적 전사적으로 우리의 것으로 만드는 작업을 하여 조직과 문화를 근본적으로 바꾸어 나가는 과정을 돕는 것이었다. 이 가운데 '섬기는 리더십' 이야기가 있다.

미국의 '존경받는 기업'의 하나로 지금은 150년이 넘는 역사를 가진 킴벌리 클라크 사를 방문해 당시에 앞서가는 기업들이 눈을 뜨기 시작한 리더십 모델을 소개받았다. 거기엔 비전, 커뮤니케이션, 혁신, 자율적 팀, 사람 키우기와 같이 나의 가슴을 뛰게 하는 것들이 들어있었다. 나에게 일일이 설명을 해주던 이 분야의 책임 임원인 켄 피터슨이 갑자기 무슨 생각이 난 듯 나에게, "당신 혹시 크리스천이요?"하고 묻는 것이었다. 나는 놀랍고 반가워 "아, 그렇습니다." 대답하였다. 어쩐지 부드럽고 품위 있고 친절했던 그는 갑자기 오랜 친구를 만난 것처럼 반가운 얼굴로 "그렇다면 굳이 시간을 들여 다 설명할 필요가 없겠어요. 우리끼리 얘기지만 이거 다 예수님이 하셨던 일인데 경영 용어로 바꾼 것으로 알고 한국 돌아가서 쭉 읽어보세요." 그러고는 자기의 경험 한 가지만 강조하겠다고 하면서 이런 말을 해주었다. "우리 리더들이 여기 있는 것 다 잘 알아듣는데, 한가지 제일 할 줄 모르고 이해도 잘 못하는 것이 '섬기는 일(serve)'입니다. 한국에 돌아가면 이것 하나는 명심하세요."라고 하였다. 리더는 섬김을 받는 사람이지 섬기는 사람이 아니라는 생각이 세상을 지배하고 있다는 점을 말한 것이다.

돌아오는 비행기 안에서 나는 '거룩한 고민'을 하였다. 켄 피터슨이 나에게 예수님의 섬김을 말해준 것을 어떻게 현실에 적용할 수 있을까. 그러나 주님은 섬김과 동의어로 '사랑'이라는 다른 단어를 내게 주셨다. 나부터 회사와 그 안의 사람들을 더 사랑하고, 그들도 이어서 다른 사람들을 사랑하기 시작하게 하자. 사랑은 두려움을 이기고 모든 일을 쉽게 할 수 있게 한다고 하지 않았는가. 그래서 나는 간부들에게 일상적 용어로 바꾸어서 이렇게 전하기로 하였다. "유능한 리더는 조직을 통솔만 잘하는 사람이 아니라 섬기는 사람입니다. 섬긴다는 것은 상사를 성공시키고, 동료를 성공시키고, 후배를 성공시키는 사람입니다. 회사와 고객과 사회를 성공시키는 사람입니다. 진심을 가지고 그들을 사랑하면 이게 다 가능합니다. 우리는 이제부터 그런 문화를 만들기 위한 변화를 구상해야 합니다."

그리고 회사는 몇 해를 지나는 동안 커다란 변화를 이루어냈고, 6개 항목으로 정리된 리더십 체계를 만들어 사원들에게 가르치고, 실제 업무에 적용하고, 성과를 성찰해보는 기본 모형으로 사용하였다. 그러다 보니 어느덧 회사는 〈대한민국 존경받는 기업 (KMAC)〉의 대열에 20년째 들고 있다. 회사의 재무적 성과뿐 아니라, 사원들의 성장과 보람, 고객의 신뢰도, 사회와 환경에의 기여도 등에서 최고 수준으로 평가받게 되었다. 오래전 예수님의 섬기는 리더십을 배우고 돌아와 공유하고 모두가 진정성을 가지고 실천에 옮긴 결과였다.

○○○
3절 섬기는 삶

이어지는 3개의 장에서 나는 가정과 교회와 일터를 섬겨온 이야기를 소개하려 한다. 나의 경우에 사회와 환경은 이들 세 분야가 합쳐져 이루어지는 것이므로 별도의 장을 마련하지 않고 함께 다루었다. 나에게 가정과 교회와 일터는 이런 의미이다.

〈가정〉은 하나님이 손수 만드신 공동체이고, '하나님의 나라'를 지상에서 만들어 갈 수 있는 유일한 곳이다. 내가 태어나 자란 곳이고 '나'를 형성한 곳이다. 결혼하여 한 가정이 시작되고, 사랑하는 아이들과 그들의 아이들이 태어나 자라나는 곳이다. 가족은 내가 평생을 열심히 일하는 목적이며 의미이다. 나의 모든 유업을 함께 형성하고 또 물려줄 사람들이다. 세상을 떠날 때 내 곁에 꼭 있어주기를 바라는 나의 분신들이고, 하늘나라에 가서도 꼭 다시 만나길 원하는 사람들이다. 살며 사랑하며 배우는 곳이다. 그러면서도 죄성을 가진 불완전한 사람들의 모임인지라 어쩔 수 없이 생기는 말과 행동의 실수와 아픔을 경험해야 하는 곳이고, 상당한 대가를 지불해 가며 그것을 극복하고 배워가는 곳이기도 하다. 그래서 하늘의 지혜와 이 땅의 지혜가 끊임없이 공급되어야 하는 곳이다. 그리고 이 모든 일을 이끄는 가장의 역할은 참으로 큰 것이다. 그는 가정의 제사장이요, 선지자요, 목회자요, 섬기는 종이다. 하나님은 가장들에게 참으로 거룩한 소명과 특권을 주셨다.

〈교회〉는 본래 가정에서 시작되었고, 지금도 가정과 뗄 수 없이 연결되어 있다. 교회와 연결되지 않고서 나와 가정에 필요한 말씀의 교훈과 영적 훈련을 혼자 이루어가기는 어렵다. 예수님 몸의 지체들인 믿음의 형제들과 함께 교회 안과 밖의 필요를 돌볼 때 받는 자에서 주는 자가 되는 보람을 누릴 수 있다. 소그룹 공동체로 삶을 나누며 서로를 돌보는 가운데 성숙해지고 사랑의 기쁨을 경험한다. 이러한 복음적 삶을 몸소 살아내면서 예수님의 성품을 점진적으로 닮아가게 된다. 이런 경험은 교회 밖 어디서도 할 수 없는 것이다.

하나님은 우리에게 두 번의 헌신을 요구하신다. 첫 번째 헌신은 하나님께로 나아가 그분께 나의 삶을 드리고 꾸준히 훈련받아 성장하는 것이다. 이것은 교회를 중심으로 이루어진다. 두 번째 헌신은 세상을 향해서이다. 세상에 나아가 일터와 사회와 나라를 섬기는 일에 헌신하기로 결정하는 것이다. 예수님의 삶이 그랬고 그분의 제자들에게도 같은 것을 분부하셨다. 첫 번째 헌신은 반드시 두 번째 헌신으로 이어져야 한다. 이 두 가지는 별개로 보일 수 있으나 그렇지 않다. 일터에 나가지 않으시는 예수님을 상상할 수 없고, 하나님과 상관없이 일만 하시는 예수님을 상상할 수 없는 것과 같은 것이다. 믿는 사람 모두에게 해당되는 두 번의 헌신이다.

〈일터〉는 나와 가족을 부양하기 위해 절대 필요하다. 일터라는 현실 세계에서 전문성이 자라나고, 남들과 더불어 시너지를 만드는 법을 배우고, 일을 통해 직장과 고객과 사회와 나아가 환경에까지 직간접으로 기여하는 전인적인 사람으로 성장할 수 있다. 그리스도인으로서 자신의 믿음과 가치관이 시험당하고 성장도 하는 곳이다. 이런 과정을 통해 일을 하는 큰 의미와 목적이 달성된다. 직장에서 끊임없이 올바른 방법을 찾아내어 더 좋은 결과를 선사하는 사람, 곧 '효과적인 관리자(effective manager)'가 되려면 자신의 몸과 마음과 영혼의 충전이 늘 필요하다. 그래서 다시 가정과 교회가 필요하다. 주일 하루를 떼어내 예배로 하나님 한 분에 집중하면 한 주일 동안 흐트러졌던 세상 모습이 내 안에서 가지런히 정돈되고, 약속하신 것을 반드시 지키시는 신실하신 하나님을 다시 확인하며 평안을 되찾게 되고, 진리 안에 있는 권능과 기쁨이 나의 소명감을 재충전한다. 진정한 예배자에게 주일 하루는 추가적인 부담이 아니라 나머지 엿새를 일하는 목적과 의미를 새롭게 해주고 영적, 정서적, 사회적 에너지를 충전 받는 날이다. 행복한 가정도 이와 마찬가지이다. 그래서 가정과 교회와 일터는 떼어서 생각할 수 없는 곳이다.

4장
___

가정 섬기기

(Family)

○○○

1절 내가 자라난 가정

나의 아버지가 전쟁 중에도 온 식구를 지켜주고 책임지고 필요를 공급하고 애써 교육하시고 바르게 훈육하신 덕분에, 나는 하나님을 나에게 모든 것을 공급하시며 바른길로 인도하는 '전능하신 아바 아버지' 하나님으로 받아들이는 데 별 어려움이 없었다. 그리고 어머니가 나를 믿어주고 마음속 깊은 곳을 헤아리며 조건 없는 사랑으로 끌어안아 주셨던 덕분에 나는 때가 되어 예수님을 자연스럽게 나의 '위로자'와 '평화의 왕'으로 받아들이고 의지할 수 있게 되었다. 나의 성장 과정에서 어머니와 아버지는 하나님이 만들어주신 고유한 형상을 따라 역할을 해주신 덕분에 나는 자라서 믿음이 생기고 하나님과의 관계를 맺어나갈 때 비교적 균형 있고 건강한 관계로 자연스레 발전해 갈 수 있었다고 믿는다.

모든 선하고 아름다운 일들 뒤에는 아프고 어두운 면도 있었다. 우리 집 이야기도 조금은 하는 것이 유익할 것이다. "모든 사람이 죄를 범하였다"고 하였다. 그래서 사람이 모여 사는 가정에도 죄가 있는 것이고 남에게 말하지 못하는 힘들고 부끄러운 사연(disgrace)들이 있다고 한다. 인간의 행복한 모습은 대개 비슷한 모습으로 나타나지만, 불행한 모습은 여러 가지 다른 형태로 나타난다는 말도 있다. 우리 집도 행복하고 평안한 모습 뒤에는 선대에서 부모님으로, 또 자녀들로 이어지는 어두운 그림자들이 없지 않았다. 아버지와 어머니에게는 두 분 몫의 문제가 있었으니, 이것을 하나님의 뜻 안에서 고통받고 위로도 받으며 일생 다루어야 했다. 우리 세대로 이어지는 문제는 우리 자신이, 그리고 하나님과 따로 다루어야 할 문제였다.

나에게도 내 몫으로 주어진 아픔의 몫이 있었다. 그것은 외롭고 공허했던 젊은 시절 나의 모습으로 나타났었다. 그러나 하나님은 그의 자녀들이 물려받은 문제와 자신이 얹어놓은 문제들까지 모두 가져와 그분께 의탁할 때 모든 아픔을 깨끗이 치유하시고 오히려 영화롭게 성장하는 기회로 바꾸어 주셨다. 그가 보내신 아들 예수님은 참으로 용서와 회복과 성숙으로 인도하시는 '놀라우신 조언자, Wonderful Counselor'(사 9:6)이셨다. 특별히 나의 경우에는 이것이 밤과 낮이 다른 것처럼 온전하게 바꾸어 주셨다. 돌아보면 내가 자란 가정의 어두운 부분은 적어도 나에게는 하나님 은혜의 증거이며 영혼을 새롭게 태어나게 하는 산실이었다.

*****

나의 아버지

아버지는 전통 가치관을 지키면서 현대 사회에 앞서가려는 생활 태도를 가지셨다. 아버지의 중심 커리어는 유능하고 정직한 정부 관리였다. 책임을 중시하였고, 그분에게는 권위가 중요하였다. 옛적 대한민국 야구의 초창기 때에 금융기관들의 직장 대항 야구대회에서 투수와 4번 타자를 맡았다. 한번은 9회 말이 되도록 0:0 무승부로 진행되고 있었는데, 아버지의 싱글 홈런 한 방으로 시합이 끝났다고 한다. 내가 태어나기 전의 일이다. 어린 나이의 맏형이 이 광경을 다 지켜보았다고 한다. "자랑스런 아버지! 야구는 멋있는 것"이 되었다. 형은 미국 유학 시절 야구를 시작해 직장생활을 겸하여 평생 야구를 사랑하게 되었다. 야구 사랑은 나와 나의 아들과 손주에게까지 이어지고 있다.

나의 성장 시절, 아버지는 겨울이 되면 나와 사냥개를 데리고 시골로 가서 사냥으로 하루를 보내곤 하셨다. 늦가을과 겨울 이른 아침과 저녁 시골 마을의 향내는 참 신선하고 포근했다. 잡은 꿩을 허리에 차고 아버지 뒤를 따르는 나는 매우 자랑스러웠다. 아버지는 60세에 시작한 골프를 즐기었고 장타상까지 타 오시기도 했다. 70세에 시작하신 서예는 몇 해를 정진한 끝에 국전에도 입선하셨다. 집안에는 병풍과 액자와 아끼는 작품들로 가득했고, 방 하나엔 작업 중인 작품과 한지가 가지런히 펼쳐져 있었다. 집안엔 늘 묵향(墨香)이 그윽했고, 이따금 직접 다리시는 한재 탕약의 향이 풍겼다. 아버지는 90세 여름에 돌아가셨다.

아버지는 기독교를 인정하려 하지 않으셨다. 일찍이 한 기독교인의 잘못된 행동에 크게 실망했던 탓도 있다. 어머니가 살아계시는 동안에 예수님 이야기라면 듣지 않으셨다. 내가 젊은 시절 처음 진정한 믿음을 가지기 시작했을 때에도 그것을 탐탁히 여기지 않았다. 은혜로 받은 복음이 너무나 좋아 많은 사람에게 전하며 '전도폭발' 훈련에 헌신했던 아내에게도 아버지는 그런 말을 할 겨를을 주지 않으셨다. 그러나 우리 부부는 꾸준히 아버지를 찾아뵙고 집안일을 도와드렸다. 아내는 10년이 넘도록 반찬을 만들어 잠실에서 여의도를 오가며 아버지를 섬겼다. 까다로운 아버지 취향을 맞추지 못하고 공허한 마음으로 돌아오는 길에는 눈물 흘렸던 날도 있었다. 아내는 시집와서 아버님 모시기가 너무 힘들었을 때 "왜 내가 이 집에 왔을까?" 하며 하나님께 물었더니, 하나님은 "이 부모 잘 모시면 너는 진짜다." 하는 생각을 마음에 주셨다고 한다.

시간이 지나며 점차 아버지는 일생 몸에 배었던 권위적 위압이 서서히 사라지고 온순하고 자상한 어르신으로 변해갔다. 기독교에 대한 생각도 조금씩 달라지는 것 같았다. 그러나 속마음을 직접 표현해 본 적이 없는 우리 아버지 세대의 전형이었기에, 우리 부부에게 "고맙다", "사랑한다" 같은 말은 용기가 없어서 못 하셨다. 그런데 미국에 있는 세 누이에게는 듣기에 거북할 정도로 우리 부부의 이야기를 한다고 전해 들었다. "그 아이들, 너희가 본받아야 한다. 덕진이 내가 존경한다." 아버지가 나를 존경하신다니! 아버지와 자녀 사이가 이제는 반전되었다. 게다가 아내에겐 '지금에 와서 보니 덕진이는 목사가 되었어도 좋았겠다'고 하셨다 한다. 대단한 칭찬이요 인정이었다. 부모의 자식 사랑이란 아무 조건 없이 주는 것이지만, 신뢰는 신뢰할 만한 아이에게 간다. 나에게 커다란 특전이다.

나도 아버지의 이 한마디로 내면에 숨어있던 아버지와 관련된 모든 어두운 흔적이 사라지는 것 같았다. 그러면서 이 짐은 반대로 아버지 쪽으로 옮겨갔다. 거룩한 짐이라 할 수 있을 것이다. 나에게 끝까지 내색하지 않으셨던 신앙의 문제가 아버지에게 생긴 것이다. 아버지가 돌아가시고 나서 유품을 정리하다가 중요한 일상의 사건을 기록한 수첩을 보게 되었다. 눈에 익은 아버지의 달필이다. 거기에 아버지의 고민이 적혀있었다. "기독교를 믿어야 하나? 천주교는 어떤가, 거긴 좀 부담이 적을 것 같은데…." 신앙을 찾아 나서는 구도자(求道者)의 질문을 하고 계셨다. 안타깝게도 아버지의 질문은 거기서 멈췄다.

나는 어머니가 천국에서 나를 맞아주실 것을 조금도 의심하지 않는다. 거기에 가면 먼저 예수님을 얼굴과 얼굴로 뵙고 그리던 그분 눈을 응시하고서 조용히 그의 발아래 엎드려 울 것 같다. 그리고 일어나 그의 품에 안기면 그가 내 일생 마지막 눈물을 조용히 닦아주실 것이다. 그리고 어머니부터 찾아서 안아드리고는 어릴 적 막내아들로 돌아가 그 품에, '엄마 품'에 안기리라. 그때는 모든 죄의 짐에서 벗어나 성화가 완성된 모습으로 나와 어머니는 거룩하고 영원한 재회를 할 것이다.

그런데 아버지가 문제다. 지금은 알 수 없다. "아버지, 지금 어디 계신 거예요?" 아버지가 예수님을 자신의 구원자로 조용히 영접하셨는지 나는 모르고 하나님만 아신다. 아버지께 이렇게 늦은 편지를 써 올려드리고 싶다.

아버지, 저를 낳아주시고 길러주시고, 좋은 학교에 꼭 집어넣으려고 애쓰시고, 조용한 아이를 야단쳐서라도 적극적인 아이로 만들려고 아버지 자신도 잘 안되는 노력을 날 위해 하셨어요. 그것이 저에겐 고생이었지만 그건 다 아버지 식 사랑의 표현이었어요.

아버지는 해방 후 서울로 모시고 내려오지 못한 할아버지를 끝내 뵙지 못하고 그리워만 하셨지요. 그 시대 분들답게 두 분 사이에 대화는 거의 없이 마음과 마음으로만 통하며 지내셨고, 30여 년 함께 사시면서 실제로 삶의 의미를 담아 진지한 대화를 나눈 것은 다 합쳐서 5분쯤 될 거라고 아쉬움을 이야기하셨어요. 그런 아버지가 의지적으로 많이 노력하셔서 저와는 그래도 평생 합치면 5시간의 대화는 나눈 것 같아요. 한 세대가 바뀌며 60배로 많아졌어요! 그리고 저와 저의 다음과, 그다음 세대로 내려가면서 대화가 몇 배씩 더 많아지고 있어요.

다시 한번 칭찬해 주세요, 아버지! 우리 형제들 모두 아버지의 칭찬에 목말랐었어요. 화내실 땐 정말 무서웠구요. 그래도 마지막 20년은 저희 부부가 아버지를 돌봐 드릴 수 있는 기회를 주셔서 고맙습니다. 제게 의존하시는 아버지 때문에 제가 더 성숙해지고 보람을 누렸습니다. 그런 아버지와 아들 사이였지만 그래도 끝까지 비밀처럼 속에 감추고 입 밖에 꺼내지 못한 한마디가 있습니다. 처음 공개합니다. "아버지, 사랑해요!" 우리는 어째서 이렇게 아름다운 말을 꽁꽁 숨기며 살다가 이런 식으로 고백해야 하는지 알 수 없네요.

그리고 아버지, 기뻐해 주세요. 저 아버지가 돌아가신 후에도 사회에서 아버지가 자랑스러워하실 일들 많이 하다 은퇴하고 건강하게 살고 있어요. 아버지가 사랑했던 손주 지인이는 참 아름답고 성숙한 상담자가 되었고요. 두연이도 참 좋은 아내를 만나 가정을 꾸리고 딸 아들 하나씩 낳아 잘살고 있어요. 아버지가 보셨어야 하는데, 손주며느리는 정곤이, 증손주 이름은 하경이와 하준이, 예쁘고 멋진 선물들을 받았습니다.

끝으로 아버지, 저도 얼마 있으면 여기서 이사를 가야할 텐데, 저는 오래전부터 갈 곳이 정해져 있어요. 그리고 이번에 가면 마지막 이사가 될 거 같아요. 아버지 계실 때 있던 서울 동네 이름과는 아주 다른 동네, 다른 나라예요. 거기 시민권도 받아 놨어요. 그런데 아버지, 가엾은 우리 아버지, 지금 어디 계세요?! 아버지도 지금 그 나라 계셨으면 얼마나 좋을까요! 거기엔 어머니도 계시는데. 그래도 제가 거기 가면 포기하지 않고 아버지 열심히 찾아보겠습니다. 열심히. 아버지, 사랑합니다.

2024년 정초에

아들 덕진

아버지께 드리는 이 글을 하루 동안 책상에 앉아 스크린 위에다 썼다 지우며 한 단어 한 단어를 정성 들여 정해 갈 때에 다른 종류의 글을 쓸 때와는 전혀 다른 현상이 내 안에 일어났다. 아버지라는 큰 보호처이자 장벽이기도 했던 그 산(stronghold)이 무너지고 이제야 영원한 영적 유산(legacy)으로 바뀌면서 나에게 안도와 감사와 아름다운 선물로 바뀌어 갔다. 아내에게 "아버지는 우리 두 사람의 아버지이니 편지쓰기를 마치면 당신에게 먼저 읽어드리리다." 약속하였기에 스크린을 올려가며 읽었다. 다 읽지 못하고 나의 어깨가 흔들리기 시작했다. 애써 더 읽어 내려가려다 참지 못하고 목 놓아 울었다. 아내가 의자 뒤에서 나를 안아주었다. 한참 그렇게 있다가 아내가 말했다. "잘 쓰셨어요. 참 좋으신 분이었는데…." 아내에겐 못다 한 영혼 구원의 아쉬움이 아직도 남아있다.

이 편지는 아버지가 내 곁을 떠나고 23년이 지나서 쓰였다.

나의 어머니

어머니는 자식 여섯 앞으로 노트를 한 권씩 남기셨는데, 그 안에는 한 크리스천 어머니가 사랑하는 자식을 위해 남길 수 있는 모든 것이 다 담겨있다. 아이들 학교 보낸 시간에, 황혼의 저녁노을에, 잠 못 이루는 깊은 밤에 쓰셨다. 자식들이 자라는 사랑스런 모습을, 대견스런 미래의 모습을, 그리고 당부하는 말들을 기록하였다. 엄마의 실수를 용서하라는 글도 있다. 그리고 하나님께 아이들의 미래를 맡겨드리는 기도의 마음이 곳곳에 적혀있다.

막내인 나의 노트는 "여섯째로 태어난 이 아이로 온 가족이 몹시 기뻐했다"는 축복으로 시작한다. 영유아기를 자라며 귀여운 짓들을 기록하고, 축음기에 음악을 틀라 하면 "나는 모짜르트가 젤 좋아" 하며 그 판만 틀었다고 한다. 다섯 살 때 성탄절에는 찬송을 듣고 예수님에 대한 신비감을 처음 가졌다고 기록하고, 밤에 깨어나서도 기도하니 무섭지 않다고 말했다고 한다. 나의 성격에 대해서는 "조용하고 내성적이며 묵묵히 탈 없이 대견스레 잘 자랐다. 그러나 한번 성이 나면 돌이킬 수 없었다. 커서는 유머가 있는 사람이 되길 바란다."고 기록하였다. 그 어머니는 나의 대학 시절 일찍이 하나님 품에 안기셨다. 이후 세월이 지나 내가 거듭나고 50대 중반의 어머니 나이가 되어서야 나는 어머니에게 이렇게 편지로 아뢰었다. 그리고 이 글을 가정의 달 교회 신문 한편에 나누었다.

"어머니, 우리 곁을 떠나신 지도 참 오래되었네요. 어머니를 떠나보내고 지금까지 살면서 참 보고 싶을 때가 많았어요. 슬플 땐 슬퍼서, 기쁠 땐 기뻐서 더 보고 싶었어요. 언제나 글과 음악과 성경을 사랑하셨던 어머니, 어머니가 나에게 친필로 남겨주신 한권의 글을 나의 가장 귀한 보물로 간직하고 있어요.

어머니, 믿지 않는 집안에서 혼자 공의를 세우느라, 사랑의 씨앗을 뿌리느라, 그 온갖 모멸을 다 당하면서 얼마나 슬프고 아프셨어요. 언제나 "너희가 내 나이 되면 알 거다" 하실 때마다 이북에 계신 예수님 믿는 외할머니를 생각하면서 얼마나 괴로우셨어요.

어머니, 이제 내가 어느덧 어머니 나이가 되어 알 것 같아요. 그리고 날 어떠한 사랑으로 사랑하셨는지 이제야 제가 좀 알 것 같아요.

저에게 당부하신 말씀들, 지금 보니 어머니의 기도가 씨앗이 되어 여러 날 후에 나에게 다 이루어졌어요. 무엇보다 저 어머니와 헤어진 후 참 많이 방황하다가 마침내 예수님을 진짜로 만났어요. 그래서 모든 게 저절로 달라졌어요. 너무도 운이 좋았어요. 어머니가 바라던 대로 자유롭고 유머가 있는 사람이 되었어요. 어머니가 계셨다면 정말 마음에 드셨을 참 좋은 크리스천 아내를 만났어요. 그리고 저 닮은 딸 하나, 우리 둘 닮은 아들 하나 낳았어요. 아이들은 벌써 다 컸어요. 작년엔 아들 두연이까지 심령이 거듭나 모두가 구원을 받았어요. 이제 우리 넷은 나중에 다 어머니를 만날 수 있게 되었어요. 저의 다음 목표는 우리 아이들의 아이들까지 예수님을 전하고 구원의 바톤을 그 손에 단단히 쥐어주는 것이에요.

어머니, 자식의 장래에 놓인 형극의 길을 미리 걱정하셨지요. 저 이제 그것 다 거쳤어요. 그리고 남은 것이 있다 해도 이젠 괜찮아요. 예수님과 함께 사니까요.

어머니, 집안에는 아직도 구원받지 못한 사람들이 있어요. 어머니의 남은 고난일까요. 어머니를 생각해서라도 저는 끝까지 포기하지 않고 예수님의 사랑을 전하겠어요. 저도 세상에 살면서 여전히 눈물이 많아요. 그러나 이젠 절망의 눈물이 아니에요. 그리스도인의 눈물은 절망의 눈물이 아니라 그 눈물의 렌즈를 통해 반짝이는 천국 별을 볼 수 있는 소망의 눈물이기 때문이지요.

어머니, 다시 만날 때까지 나 여기 사는 동안 기도로 많이 응원해 주세요. 어머니, 사랑합니다.

덕진 드림 (김혜선 어머니를 그리워하며)

내가 거듭나고 나서 어머니가 남기신 자신의 일기와 자녀 일기와 다른 글들을 다시금 읽어볼 때, 나를 위해 기도하셨던 어머니가 내게 새로운 어머니가 되어 가까이 오셨다. 육신으로는 오래전 나의 곁을 떠나신 분이다. 그땐 내가 거듭나기 전, 21살이었다. 홀연히 떠난 어머니는 내 속에 늘 채워지지 않는 공간으로 남아있었다. 그 상실이 내 가슴을 문자적으로 아프게 할 때엔 나에게 아무런 대책이 없이 슬픔과 공허만 있었다. 그러다 내가 하나님을 만나고 나서야 어머니가 나를 어떤 사랑으로 사랑하였는지, 어머니에 대한 정체가 신비하게도 풀어지기 시작했다. 내 어머니가 누구였는지 (who she was), 그 결핍된 세상 환경 속에서 사시던 어머니에게서 그런 아름다움과 진리와 선함이, 그 진선미가 어디서 흘러나왔는지, 사실상 처음 알게 되었다. 그것은 단순히 나이 들고 철들어 부모의 심경이 이해되는 것과는 다른 것이었다. 그것은 하나님 안에서만 통할 수 있는 삶의 실재(reality)였다. 내 가슴의 허무했던 빈 공간은 드디어 감사와 기쁨으로 채워지기 시작했다. 어머니가 자신의 자서전과 여섯 자녀 앞에 남긴 글 속에 남겨놓은 그의 영혼을 이제야 처음으로 만나는 경험이었다.

다시 만난 어머니는 그리스도 안에 있는 성령의 법이 육신의 법을 지배했던 분이었다. 실수도 있고 결함도 지닌 육신을 입은 한 인간이었어도 어머니는 하나님의 선하심을 한번도 부인하지 않으셨다. 악한 세상과 인간의 모습에 한탄하면서도 "하나님을 모르는 사람들이 무언들 못하겠니" 하실 뿐 자신의 입으로 저주를 말할 수 없었던 분이었다. 어머니는 고통이 많아질수록 하나님을 앙망하셨다.

내가 교회에서 가정과 자녀 교육 이야기를 나눌 때, 간혹 나의 어머니의 글들을 공유하면 많은 이들이 이런 반응을 보여주기도 한다. "우리 어머니도 비슷했어요.", "나도 곧 좋은 노트 네 권 준비해서 자녀 일기 쓰렵니다.", "이 장로를 보면 어머니를 알 수 있습니다."(이것은 과분한 칭찬이다). "좋은 크리스천 어머니의 본입니다." 등이다. 이에 대한 나의 답은 대체로 이렇다. "감사합니다. 제가 저희 어머니의 절반만이라도 하나님과 우리 아이들을 사랑한다면 그 아이들은 세상에서 가장 부유한 아이들일 거예요."

나는 이 책의 뒷부분에 어머니의 자전적 글들과 자녀들을 위해 남긴 글에서 발췌하여 실어놓았다. 내 삶을 어머니의 영향과 떼어놓고는 사실상 다 설명할 수 없기 때문이기도 하다.

나의 아내

아내는 좋은 아버지와 어머니 밑에서 여러 형제와 더불어 자랐다. 위아래로 여럿이 있었다. 고등학교 시절 갑자기 어머니를 잃고 깊은 슬픔 가운데 몇 해를 지내야 했다. 집안에 복이 있어서 참 좋은 새어머니가 들어오셨다. 아내의 대학 시절이었다. 그러나 누구나 그렇듯 처음에는 그 어머니도 적응에 어려움을 겪으셨다. 한번은 새어머니가 짐을 싸 친정으로 가버려서 식구들이 모두 어찌할 바를 모르는 가운데, 아내가 나서서 어머니를 찾아가 뵙고 그분의 힘들어하시는 사연을 다 들어드렸다. 같은 여자로서 너무나 공감이 가서 한없이 울다가 그냥 돌아왔다고 한다. 다음 날 밖에 나갔다 집에 와보니 놀랍게도 어머니가 돌아오셔서 언제 그랬냐는 듯 환한 얼굴로 "너희들 때문에 왔다."고 하셨다. 그 후로 어머니는 끝까지 변함없이 따뜻한 어머니 역할을 감당하셨다고 한다.

아내는 어머니가 아침마다 싸 주시는 도시락을 들고 등교하여 밤늦게까지 근무하고 집에 돌아왔다. 어머니는 그런 아내를 사랑하고 미더워했고, 아내는 그런 어머니를 고마워했다. 아내는 속이

깊고 사람들에게 마음을 쓰는 신실한 사람이었다. 두 사람의 사이는 진실이 통했다. 구약의 룻기에 나오는 나오미와 며느리 룻의 관계를 생각나게 한다.

아내는 중학교 시절 담임 선생님이 믿어주고 격려해 주신 것을 지금까지 잊지 않고 있다. 아내는 규범이 몸에 배어있어 그대로 사는 것이 편한 사람이다. 영어를 가르치셨던 여선생님은 당시 영국의 신문에 올랐던 유명한 기사, "험한 곳에 핀 장미"라는 표현을 그의 착실한 학생인 아내에게 둘이 있을 때마다 말해주었다고 한다.

아내는 원하던 좋은 대학에 들어가 의류학과를 마치고 고등학교에서 교사가 되었다. 거기서도 교사들 사이에 모범이 되어 인정받는 선생님이 되었다. 한편 그 기간에 나는 학교와 군 복무를 마치고 첫 직장을 얻었다. 나의 아버지가 나서서 나의 고모인 여동생을 시켜 '좋은 색시' 하나를 찾아보라고 하셨다. 고모님은 먼 친척뻘 되는 분의 귀띔을 받고 아내가 수업하고 있던 학교 교실 복도까지 찾아가 '염탐'을 하시고 와서는 "오빠, 그 색시 놓치면 안 돼요. 꼭 붙잡으세요." 하고 보고를 드렸다. 그렇게 해서 만나게 된 우리는 이듬해 결혼하였다.

한편 돌아가신 나의 어머니는 오래전 내가 어렸을 때부터 막내의 아내 될 사람이 누구일지 아름다운 소망을 품고 미리부터 사랑해 두셨다. 하나님은 이런 어머니의 기도를 듣고 기억하셨다가 때가 되어 아버지와 고모님을 보내어 아내를 찾아오게 하신 것이다.

이것이 나의 믿음이다.

부부가 되어 신혼기를 지나 누구나 거쳐 가는 격랑기와 적응기를 지나 안정기에 다다르게 되었다. 아내는 늘 절제된 마음이 있어서 나도 그 테두리 안에서 극단을 삼가고 실수를 피할 수 있었다. 아내는 간혹 나와 불화가 생길 때에도 일을 조용히 다루었다. 그런 일로 친정에 가는 일이 없었다. 밖에 나가서 한 시간 정도 자신을 달래고 분이 가라앉으면 돌아왔다. 그렇게 나에게 안정감을 선물하였다. 집안에 어려운 일이 있어도 친정에 절대 말하지 않았다. 사랑하는 친정아버지가 "너는 시집가면 시아버지를 잘 모시고 거기서 잘 살아야 한다"고 하신 말씀을 가슴에 품고 살았다. 그래도 그의 아버지는 체력이 달리는 딸이 결혼하고도 먼데 있는 여자고등학교 교사로 통근하는 것이 못내 마음에 걸려 때로 퇴근 시간에 맞추어 학교를 찾아가 퇴근하는 딸을 만나 손을 잡아보며 두 눈으로 안부를 확인하시고는 거기서 헤어지지 못하고 버스를 함께 타고 시가집 가까운 정거장에 내릴 때까지 조금이라도 더 이야기를 나누고는 내려서 "얼른 가 보거라" 하시고 헤어지곤 했다고 한다.

세월이 흘러 그 아버지와 어머니는 황혼기를 앞두고 아내의 포기하지 않는 간곡한 복음 전도를 받아들이셨다. 그 후 두 분과 아내 사이의 관계는 참 아름다운 그리스도인 사이에 교제하는 모습으로 성화되어 가는 것을 보았다. 부모와 자식 사이가 아니라 주안에서 형제자매로 대화하는 것만 같았다. "아버지, 언제 떠나도 예수님 만날 확신 있지요?" "아, 그럼!" 만날 때마다 이것부터 확인했다. 그 아버지는 믿음 안에서 주님 품에 안기셨다. 그리고 여러 해가 지나 어머니도 늘 그리워하시던 남편의 품에, 그리고 주님의 품으로 돌아가셨다. 그들의 사랑에는 우리 집안에 없는 어떤 진실한 것, 피부로 나누는 사랑과 행복함이 있었다.

아내는 나의 아버지를 도와서 때마다 음식을 준비하고 성묘를 함께 하였다. 아버지를 섬기는 일에 아내는 나보다 더 진실한 사람이었다. 나에게는 친아버지요 아내에겐 시아버지였는데 그랬다. 그는 속과 겉이 같았다. 나중에 아버지가 돌아가시고 여러 해가 지나 우리는 흩어져 있던 할머니 할아버지, 어머니 아버지 산소를 잘 정리해서 교회와 집에서 가까운 아담한 공원묘지 한구석에 다 함께 모셔드리고 나중을 위해 빈자리를 남겨놓았다. 그리고 조그마한 비석에 "할렐루야, 우리 다시 만나는 그날까지"라 하고, 성경의 맨 마지막 책, 마지막 장, 마지막 구절을 새겨놓았다. "내가 진실로 속히 오리라. 아멘 주 예수여 오시옵소서"(계 22:20). 사랑하는 부모와 우리 부부와 다음 세대까지 함께 만난다는 믿음을 돌에 새기고 나니 내 마음에 소망과 감사의 눈물이 흘렀다.

어릴 적 오빠를 따라 교회 다니기 시작했던 아내는 성경 말씀과 찬송가를 두루 외웠다. 그러다 나를 만나고 몇 해가 지나 극적인 경험을 통해 온전히 거듭난 후로는 그때까지 외우기만 했지 살아 있지 못했던 말씀과 찬송이 생명을 얻어 그의 영혼 속에 활짝 피었다. 오래도록 착실히 다녔던 '교회 생활'의 저력이 드러난 것이다. 아내는 이어서 지금의 교회에 안착한 후로는 '전도폭발' 사역을 자원해 여러 단계의 훈련을 모두 받고서 훈련자가 되어 많은 다른 성도들과 더불어 사역을 해왔다. 지극히 작은 것에 충성되었던 그는 큰 것에도 충성되었다. 자신의 정체성을 "복음을 전하는 전도자"라고 주저없이 말한다. 그가 전도하여 예수님을 자신의 주요 구원자로 영접한 사람은 수없이 많다. 그는 새벽이면 우리 식구를 위해, 시가와 친정 식구를 위해, 교회 사랑방 식구를 위해, 교회 지도자들과 나라를 위해 기도했다. 그가 작성하고 내가 컴퓨터에 넣어 인쇄한 개인들의 기도 제목과 사랑방, 교회, 목회자, 나라를 위한 기도문은 몇 달만 지나면 헐어서 새로 인쇄해야 했다.

아내를 처음 만난 지 50년이 된 지금 그에게서 가끔 이런 말을 듣는다. "하나님이 당신을 얼마나 사랑하시면 나를 보내셨겠어요." 하면서 하나님이 "내가 덕진이를 사랑한다. 그래서 너를 불러 이집에 보낸 거다."라는 생각을 주셨다고 한다. 그래서 지금까지 나를 품어주며 살아왔다는 뜻이다. 그것이 아내가 나를 사랑한 방식이었고 함께 성장해 온 과정이었다.

아내와 가정의 이야기는 다음의 절에서 더 다룰 것이다.

2절 거룩한 곳 가정

　예수님을 만나 변화가 시작된 나에게 '자 나는 이제부터 어떻게 살까?' 하는 궁금증이 생겼다. 그런 나에게 하나님은 가정을 먼저 돌아보게 하셨다. 〈포커스 온 더 패밀리〉(Focus on the Family) 가정 사역으로 세계 크리스천 가정에 크나큰 유익을 끼친 닥터 답슨(James C. Dobson)의 책과 테이프를 구할 수 있는 대로 구해 다 읽고 들었다. 그의 책들은 다 '나의 책들'이 되었다. 한 아내의 남편으로, 두 아이의 아빠로, 평생 일하며 일터를 섬겨야 하는 사람으로, 그리고 언젠가 하나님 앞에 나아가 살아온 일생을 결산해야 할 한 인간으로서 살아내야 할 아름다운 삶의 모형들이 너무나 자세히 쥐어졌다. 아버지 답슨과 아들 답슨 가정의 대를 잇는 아름다운 이야기를 통해서 나 자신의 가정의 비전과 가능성에 눈이 열리고 가슴이 뛰었다. 나도 꼭 그렇게 살고 싶었다. 그런 남편과 아버지가 되고 싶었다. 어떤 이야기에 이르러서는 페이지를 넘기면서 손이 마구 떨리기도 했다.

내가 어린 시절 자랐던 우리 집과 비교하면, 답슨의 크리스천 가정은 천국과도 같았다. 나는 초등학교 시절 학교가 멀어서 막내로 제일 먼저 집을 나서야 했다. 추운 겨울엔 마음마저 추웠다. 더구나 어제 저녁 집안 분위기가 차가웠던 날은, 아니 많은 날이 그래서 더 추웠다. 간혹 따뜻하고 화기애애했던 저녁의 다음 날 아침에는 발걸음이 가벼웠고 마음에 평화와 행복이 있었다. 늘 이랬으면 얼마나 좋을까 생각하였다. 그러나 그런 날은 손으로 셀만큼 드물었다. 어린 시절 이런 배경을 가진 내가 이젠 남편과 아버지로 나의 가정의 책임자가 되어있었다. 그리고 이제부터 내 아내에게 우리 어머니가 마땅히 누려야 했을 아내로서의 행복을, 나의 아이들에게는 내가 늘 원했던 그 행복을 선사할 수 있는 문이 활짝 열리게 되었다. 나는 가슴이 벅차 왔다. 나와 내 가정에 거룩한 변혁(transformation)이 시작되었기 때문이다.

성경적 가정의 원리들을 알게 되었다. 부모 된 우리는 하나님의 은총으로 나의 자녀를 임시로 맡아 양육하는 것과 때가 되면 독립해 떠나보내는 것이라고 배웠다. "남자가 부모를 떠나 그의 아내와 합하여 둘이 한 몸을 이룰지로다"(창 2:24, 엡 5:31). 이 말씀이 성경적 가정에 대한 많은 책의 첫 장에 있었다. 그리고 "떠남, 합함, 한 몸을 이룸"을 leave, cleave, weave 세 단어로 외웠다. leave 는 성장하여 부모를 떠나되 심리적, 경제적, 지리적으로 독립하는 것이라 했고, cleave는 부부로 만나 종이 두 장을 풀로 붙여 한 장이 되게 하는 것이라고, weave는 실을 가로 세로로 짜 하나의 천이 되게 하는 것이라고 배웠다. 부부의 사랑은 감정에 따라 생겼다 사라졌다 하는 것이 아니라 헌신이고 약속이고 의지라고 배웠다. 아내를 "사랑하기로 결정하는 것"이며, 이것은 그리스도가 몸을 바쳐 성도를 사랑하는 것과 같은 것이고, 아내를 몸과 마음과 정서와 영적으로 돌보고 사랑하며 함께 자라나는 것이라고 배웠다.

그리고 "누구든지 자기 친족 특히 자기 가족을 돌보지 아니하면 믿음을 배반한 자요 불신자보다 더 악한 자니라"(딤전 5:8)고 하신 말씀이 내게는 충격으로 들려왔다. 우리는 가정 예배를 시작하면서 이 가정을 하나님의 나라가 되게 해달라고 예수님께 간구하였다. 그리고 기도는 아이들에게 말로 가르치기보다 삶으로 보여주는 것이라는 것도 배웠다.

우리집 가훈(Family Mission Statement)

오직 가정만이 이 땅 위에서 하나님 나라를 실현할 수 있는 곳이고, 사랑하는 약속의 자손들에게 귀한 유산으로 물려줄 수 있다. 그리고 모든 가정에는 나름대로 물려받은 가치와 문화와 규범이 있다. 그 가운데에는 지켜내야 할 아름다운 것들도 있지만 끊어야 할 것들도 있다. 특히 새로 헌신하는 크리스천 가정은 이 과정에 고통도 있고, 큰 결심이 필요하게 된다. 그래서 옛 이스라엘 백성이 사십 년 동안 광야에서 헤매다 새로 거주할 땅의 문턱까지 왔을 때, 지도자 여호수아는 지금까지 그들의 조상이 섬겼던 신들을 치워 버리고 다만 하나님만 섬기라고 권면하면서, "너희가 섬길 자를 오늘 택하라. 오직 나와 내 집은 여호와를 섬기겠노라"(수 24:15)고 강변하였다.

나도 믿음의 가정의 가장으로 오랫동안 마음에 두었던 생각을 실천하였다. 부부와 아이 둘이 함께 '우리 집 가훈'을 만들기로 한 것이다. 아이들이 중학교 때의 일이다. 한글과 영문 대역으로 정성껏 만들어 인쇄하여 네 사람이 각자 자기 이름 옆에 친필로 서명을 했다. 그리고 액자에 넣어 부엌에 걸어놓으니 참 아름답고 마음이 뿌듯했다. 하나님의 사람들이 사는 가정마다 가족이 함께 모여 '가훈'을 의논하고 글로 작성해 언제나 잊지 않으려고 애쓴다면 참 좋을 것 같다. 여기에 나의 집 가훈이 있다. 우리 집은 왜 존재하며,

무엇이 중요하며, 누가 진정한 주인인가를 정하였다.

〈우리집 가훈〉

우리 네 식구는 이 가정을 험한 세상에서 진정한 위로와 안식을 얻는 곳이 되게 하고, 우리 각자 삶의 꿈을 이루는 터전이 되게 할 것입니다.

이를 위하여 우리가 할 수 있는 가장 가치 있는 일로서,

■ 시간, 힘, 돈을 현명하게 사용하며

■ 서로를 믿고, 도와주고, 변함없이 사랑하며

■ 남의 행복을 기뻐하고

■ 하나님을 함께 믿을 것입니다.

우리집의 진정한 주인은 이와 같이 가르치시고 본을 보이신 예수 님입니다.

아버지 이덕진

어머니 박영희

그리고 지인과 두연이

1992년 5월 5일에 함께 만듦

자녀와의 뜻깊은 시간(Quality Time)

부모는 자식에게 자기의 모든 것을 내어준다. 더구나 절대적인 위기에 처한 아이라면 부모는 몸을 던져서라도 구하려 할 것이다. 그런데 이렇게 아이를 위해 '죽을 각오'가 된 부모도 아이를 위해 그렇게 평생을 '살 각오'는 잘 실천하지 못하는 것 같다.

한 사람을 사랑하여 그를 위해 사는 것은 그에게 쓰는 나의 시간의 양으로 증명된다. 시간이 곧 생명이기 때문이다. 우리는 사랑하는 아이들을 위해 얼마만큼의 시간을 쓰고 있을까? 이를 위해 〈포커스 온 더 패밀리〉 가정 사역의 닥터 답슨은 실제 조사를 해보았다. 유년기 아이들의 아빠들에게 하루 얼마나 아이들과 마주 보고 대화를 하느냐고 물었더니, 대부분의 대답이 "생각보단 많이 못하죠. 한 15~20분 정도?" 그러나 실제로 조사를 해본 결과는 너무나 달랐다. 하루에 평균 37초! 한 번에 10~15초 정도로 2.7회 대화하는 것으로 나타났다. 이 조사 결과는 얼마 전 한국의 아버지들을 대상으로 한 조사 결과와 거의 일치한다. TV와 스마트폰에 쓰는 시간의 백분의 일도 안 된다는 것이다.

바쁜 아빠들은 양보다 질이 중요한 것 아니겠냐며 자신은 짧은 시간에 중요한 이야기들을 아이들에게 들려주려 노력한다고 말한다. 그럴듯한 말이지만 사실 그렇지 않다. 답슨은 그의 책에서 질과 양, 둘 다 필요하다는 것을 말하기 위해 이런 이야기를 들려준다.

한 남자가 직장에서 하루 종일 열심히 일을 하고는 퇴근길에 한 유명한 스테이크 집을 찾았습니다. 그날따라 몹시 시장했던 그는 오랜만에 좋은 스테이크를 맘껏 들고 싶었습니다. 그래서 그날은 제일 고급으로 시켰습니다. 기대에 차 한참을 기다린 그에게 마침내 음식이 나왔습니다. 그런데 이게 웬일인가요. 크고 깨끗한 접시에 담겨나온 스테이크는 너무나 작아서 한두 점 먹으면 없어질 정도였습니다. 실망의 눈치를 살핀 웨이터는 이렇게 말했습니다. "이 부위가 저희 집이 자랑하는 최고의 스테이크입니다. 혹시 손님께서는 최고의 '질'보다 '양'을 원하시는 건 아니겠지요?"

아이들에게는 질과 양 둘 다 필요하다. 아이들은 아빠와 함께 뒹굴며 웃고 울며 하나가 된다. 그리고 아빠가 자기에게 하는 말과 행동과 태도를 듣고 보면서 인격이 자란다. 아빠와 엄마가 서로 사랑하고 신뢰하고 존중하고 이해하는 모습을 보일 때 아이도 세상 사람을 그렇게 대하게 된다. 사실은 이렇게 하는 것이 부모가 자녀에게 물려줄 수 있는 가장 귀중한 선물이다. 자라는 시기에 보고 배운 대로 아이는 그렇게 살 것이기 때문이다. 그런 점에서 태어나 14세까지의 시기는 결정적 시기이다. 이 기회의 창은 너무나 빨리

지나간다. 하나님은 첫째로 부모가 아이들의 신앙을 직접 책임지고, 조부모도 나서서 3대를 책임지라고 하셨다(신 6장). 이것이 우리가 다음 세대에게 지고 있는 책임이다.

크리스천 부모는 모든 창의적인 방법으로 자녀에게 하나님을 알고 믿음 안에서 성장하도록 도울 책임이 있다. 위에 소개한 닥터 답슨은 그의 책 《남편과 아버지로서의 남성(Straight Talk)》에서 어린 시절의 아버지를 추억하며 그중 가장 잊을 수 없는 경험을 이야기한다.

10~13살의 추운 겨울 새벽, 아직도 어두운데 아버지와 아들은 일어나 옷을 든든히 차려입고 30킬로미터가 넘는 거리를 차를 몰고 가 세우고는 냇길을 따라 걸어 올라가다 깊고 울창한 숲으로 들어간다. 가다가 아름드리 고목이 쓰러져 있는 곳에 이르러서 아버지는 아들을 그곳에 몸을 숨기게 하고 아버지도 그리 멀지 않은 비슷한 곳에 몸을 숨기신다. 그들은 여기에 사냥하러 온 것이 아니고 다른 목적으로 온 것이다.

얼마를 기다리다 보면 이윽고 동이 트며 숲사이로 신비한 빛이 새어 들어오고 다람쥐와 새들과 짐승들이 잠에서 깨어나 두 사람이 보고 있는 것도 모르고 움직이기 시작한다. 이 장엄한 아침 숲의 세계가 만물을 지으신 하나님의 놀라움과 아름다움을 말 없는 웅변으로 외치는 이 순간, 이 숨막히는 창조의 세계 안에 그저 둘이 함께 있기 위해 아버지는 아들을 여기에 데리고 온 것이다.

어린 답슨은 이 시간 또 하나의 깊은 체험을 한다. 나를 이렇게까지 해서 여기에 데려와 바로 저기 떨어진 곳에 나처럼 숨어있는 아버지, 그 아버지에 대한 무한한 사랑과 신뢰가 이후 평생토록 두 사람을 완전한 하나가 되게 하는 시간이었다. 이것은 아들이 나도 커서 저 아버지처럼 되고 싶어지는 시간이었다. 아버지의 가치관이 나의 가치관이 되고, 아버지의 꿈이 나의 꿈이 되고, 아버지의 하나님이 나의 하나님이 되는 시간이었다.

이런 경험들을 통해 아버지는 아들에게 일생 친구와 멘토와 스승이 되었다. 특히 아들이 미국의 대표적 크리스천 가정사역자로 바쁘고 '성공한' 사람이 되면서 자신의 어린 자녀들을 직접 돌볼 시간이 부족한 것을 안타깝게 보아오던 아버지는 처음으로 베스트셀러 책을 내어 그 보상으로 좋은 휴양지로 떠난 아들 부부에게 거기서 받아보라고 편지를 보내셨다. "사랑하는 아들아, 너는 지금 인생에서 가장 큰 실패의 길로 들어선 것을 알아야 한다." 하시며 간절한 권면의 편지를 보내었다. 이에 커다란 충격을 받은 아들 답슨은 이후 가정과 일의 균형을 깨어본 적이 없다고 고백하였다.

하나님은 우리에게 세상에서 하나님을 대신하여 아버지 역할을 해달라고 당부하신다. 우리에게 '거룩한 특권'을 주셨다. 우리가 하나님의 자녀들을 잠시 맡아 키울 때 아버지 답습처럼 그렇게 키울 수 있다면 하나님은 얼마나 기뻐하실까!

한 가지 중요한 것은 아버지나 남자에게만 가정의 리더십이 있는 것은 결코 아니라는 것이다. 집안의 영적 리더십은 '리드하는 사람, 긍정의 영향을 주는 그 사람'의 것이다. 나이, 성별, 관계에 상관없다. 어느 동창생 어머니들의 모임에서 있었다는 대화를 전해 들었다. 한 엄마만 아들 셋을 손수 키우고, 나머지 엄마들은 전문인으로 좋은 직장을 다니는데, 이분들은 그날도 직장 이야기로 꽃을 피우다가 자연히 아이만 키우는 엄마를 의식해서 미안하다는 듯 이해해 달라고 하였다. 이야기를 듣고만 있던 이 엄마는 이렇게 대답했다고 한다. "아니야 괜찮아. 너희들 직장에서 참 고생이 많구나. 나는 집에서 '어린 사자 셋(three young lions)'을 맡아 잘 키우고 있어. 여간 어려운 게 아니야. 하지만 이 아이들은 너무나 중요한 아이들이야."

이 어머니가 말한 사자는 그리스도의 사람이다. 성경은 예수님을 어린 양으로, 또한 막강한 권능의 사자로 기록하였다. "장로 중의 한 사람이 내게 말하되 울지 말라 유대 지파의 사자(the Lion of the tribe of Judah) 다윗의 뿌리가 이겼으니 그 두루마리와 그 일곱 인을 떼시리라 하더라"(계 5:5). 나는 이들 엄마들의 대화 속에서 장차 세상을 구하는데 나설 사자 같은 인물 셋을 손수 키우고 있는 엄마의 '거룩한 특권'을 마음속으로 찬양하였다.

사랑의 언어 배우기

사람마다 한국어, 영어, 일본어, 중국어를 말하고 알아듣는 정도가 다 다르듯, 부부가 말하고 알아듣는 사랑의 언어도 다 다르다고 한다. 그래서 아내와 남편은 자신이 잘 아는 언어가 아니라 배우자가 잘 알아듣는 언어로 말해야 한다. 부모와 자녀 사이에도 같은 원리가 적용된다고 하였다. 이 분야에서 베스트셀러 책을 썼던 게리 채프먼(Gary Chapman)은 '사랑의 다섯 가지 언어'를 이렇게 이야기했다.

- 인정하는 말(Words of Affirmation)
- 함께하는 시간(Quality Time)
- 선물(Receiving Gift)
- 봉사(Acts of Service)
- 스킨십(Physical Touch)

그리고 이 다섯 가지 사랑의 표현은 바로 하나님이 그의 자녀인 우리에게 사용하시는 언어라고 하였다. 나는 묵상을 해보며 그 말을 이렇게 풀이해 보았다.

그렇습니다. 예수님은 말씀(Word)이셨고 말씀으로 오셨고 말씀으로 우리를 세워주십니다. 그분은 우리와 늘 함께 마음이 연결되어 있으며 더욱이 기도와 묵상의 시간은 그분과의 특별한 시간입니다. 그분은 우리에게 날마다 우리 힘으로는 구할 수 없는 것을 선물로 주십니다. 그리고 쉬지도 졸지도 아니하시고 세상을 주관하시며 우리의 안전을 지켜주시고 필요를 공급하십니다. 그분은 우리 눈에 안 보이는 가상의 존재가 아니라 하늘 보좌를 떠나 인간의 육신을 입고 우리 곁에 오심으로 우리가 피부에 와 닿게 보고 듣고 만지고 함께 거닐게 되었습니다. 모든 게 사랑의 표현이셨습니다.

사람은 칭찬을 들어야 자기의 가치를 인정받는다. 남자들은 더욱 칭찬을 먹고 산다고 한다. 그래서 작가 마크 트웨인(Mark Twain)은 자기는 칭찬 한번 제대로 들으면 석 달을 살 수 있다고 했다. 작가 특유의 위트가 들어있다. 아마도 여성은 함께 보내는 뜻 있는 시간이나 마음에 드는 선물을 받는 것이 더 잘 통하는 언어일 경향성도 있는 것 같다. 그러나 하나님이 지으신 인간은 기질과 가치관이 똑같은 사람이 하나도 없기에 나의 배우자의 언어는 내가 잘 알아서 그 언어를 배워야 한다.

나의 아내는 규범과 책임감과 행동적 기질을 타고나 그런 집안에서 자란 것을 나는 결혼하고 30년이 지나서야 이해하기 시작했다. 아내는 '인정하는 말'의 언어보다는 애써서 부지런히 일하는 '봉사'의 언어를 더 잘 알아듣고 감격하는 것 같다. 시키지도 않은 집안일을 하는 남편의 모습을 볼 때, 스스로 알아서 쓰레기 분리수거를 할 때, 규칙적으로 운동을 하고 자기 관리를 하려고 애쓰는 남편의 모습을 볼 때, 아내의 표정은 완연히 달라지고 마음은 열리고 집안의 분위기가 확 달라진다. 사랑의 언어는 자녀들이나 친구들에게도 다 그들이 아는 언어로 해야 알아들을 것이다. 우리 모두 다섯 가지 언어에 통달해 누구와도 잘 통할 수 있으면 참 좋겠다.

○○○
3절 성장하는 곳 가정

축복하여 떠나보내기(Bless and let go)

부모 된 우리는 하나님의 은총으로 선물로 받은 아이들을 임시로 맡아 사랑으로 양육하다 때가 되면 독립해 떠나보내는 것이라고 배웠다. 우리의 자녀를 안심하고 우리의 품에서 놓아줄 때는 언제일까? 김상복 목사님은 자녀가 스스로 하루의 영의 양식을 매일 챙겨 먹고 말씀을 묵상하며 여행을 떠날 때도 당연히 성경을 가지고 가면 안심해도 된다고 하였다. 그리고 앞에 놓인 중요한 결정을 해야 할 때 하나님과 긴밀히 상의하는 아이라면 차라리 부모가 좀 비켜주는 것이 더 안전할 수도 있을 것이다. 하나님을 사랑하고 신뢰하여 그와 늘 대화하며 사는 자녀들은 진정으로 독립할 준비가 되어있는 것이다. 이것은 첫째 되는 계명인 하나님과의 관계, 하나님을 진실로 사랑하는 삶이기도 하다.

우리 부부는 두 아이의 미래를 위해 많은 애를 써 왔고 기도하였다. 그러나 막상 집을 떠나 유학을 가고, 진로를 바꾸어 재출발을 하고, 결혼하여 독립해 나갈 때엔 많은 걱정과 후회가 있었다. 미처 떠나보낼 준비가 안 된 부모가 이런 날이 이렇게 일찍이 올 줄 모르고 지내다 황급히 하게 되는 이별이다. 그래도 떠나는 절차는 정해져 있어서 공항까지 가는 길 내내 별말 없이 가서는 수속을 마치고 마지막이라고 안아주고 손 흔들어 작별한다. 그리고 부부는 집으로 돌아온다. 흩으러 놓고 떠난 방을 정리하며 벌써 이 아이가 보고 싶다. 자식을 보내는 모든 부모의 마음을 우리도 이렇게 경험하였다.

우리는 두 아이가 유학을 떠날 때 하나님께 맡겨드리는 수밖에 없었다. 첫째를 보낼 때에는 '요게벳의 기도'를 한동안 드렸다. 모세의 어머니가 아기 모세를 갈대 상자에 넣어 나일강가 갈대 사이로 떠내려 보내며 하나님의 손길을 간구하는 기도였다. 우리는 미국으로 떠나는 비행기를 그 갈대 상자처럼 여기며 사랑하는 딸을 기도로 보냈다. 그리고 하나님은 그 딸을 지키고 인도하셨다, 둘째를 보낼 때는 광야의 험로를 진행하며 하나님의 인도하심을 간구하는 모세에게 하나님이 주신 말씀, "내가 친히 가리라. 내가 너를 쉬게 하리라"(출 33:14) 말씀을 붙들었고 주님은 그대로 행하셨다. 이렇게 자식을 떠나보낸 부모는 이런 마음으로 기도하였다.

"우리의 약함과 부족함을 잘 아시는 주님, 이제 이 아이를 저희 손에서 놓아드립니다. 그동안 저희가 실수한 것도 책망하지 마시고 주님이 바로 잡아 주시옵소서. 이 아이에게 필요한 것들을 이제는 하나님 아버지께서 채워주시옵소서. 두 팔로 감싸 이 아이를 언제나 지켜 주시옵소서. 아이들이 바른길과 그릇된 길 앞에서 머뭇거릴 때는 언제나 주님이 친히 그 옆에 계셨다가 손잡고 옳은 길로 건너 주시옵소서. 저희들은 이제 멀리서 기도로 응원하겠사오니 주님이 책임져 주시옵소서. 신실하신 예수님 이름으로 기도합니다. 아멘"

*****

나의 딸은 한국과 미국에서 오래 애써서 공부하고 준비하고 시험의 관문을 통과하여 들어간 회사를 얼마간 다닌 끝에 큰 결심을 하고 떠나기로 하였다. 다른 회사로 가려는 것이 아니라 새로운 길로 들어가기 위함이었다. 나에게도 '그동안의 수고는 다 어떻게 되는 건가' 하는 안타까운 궁금증이 있었으나 어렵지 않게 이 딸의 새로운 여정을 축복하기로 하였다.

"이것이 너희 회사 이메일로 아빠가 보내는 마지막 이메일이 되 겠구나. 축하한다. 그리고 네가 삼성에서 했던 모든 좋은 일로 하 나님이 축복하시길, 그리구 삼성에 '못되게' 군 모든 일은 하나님 이 용서하시길. Bon Voyage!(새 여정을 축복해!) 사랑하는 아빠가,"

그리고 몇 해가 지나 나 자신이 오래도록 섬기던 회사를 은퇴하 던 날, 딸은 나에게 이메일로 이렇게 축복하였다.

"지난 36년 4개월간 대부분의 시간을 열심히, 때로는 싫어도 참 으면서, 가끔은 딴생각을 하면서도 성실하게 사회생활하신 것 진 심으로 존경해요. 저도 짧지만 사회생활 하면서 우리 아빠가 하 는 일이 정말 쉬운 일이 아니라는 것을 많이 느꼈어요. 특히 성실 과 진심을 가지고 마음으로 회사를 사랑하는 것...

아빠가 이 길었던 시즌을 정리하고 하나님이 준비하신 새로운 시 즌으로 가는 사이에 있는 transition(전환) 시즌 또한 축복합니다. 오랜 세월을 한 패턴으로 생활하셨기 때문에 이 변화의 시즌이 지금은 어렵게 느껴지실 수도 있겠지만, 나름 transition을 자주 여러 번 했던 선배로서 장담하건데^^ 그 시간이야말로 하나님과 얼굴을 대면하는 깊은 시간이 될 것이어요.

지금까지 아빠가 살아오면서 보고 느끼고 경험했던 세상보다 더 큰 세상을 만나시길 축복해요. 하나님이 창조하신 더 많은 칼러들을 경험하고 즐기는 인생이 되시길 축복합니다. 끝없는 성장 안에 있는 짜릿함과 자유도 경험하시길 축복해요.

이러한 여정 속에 엄마와 단짝이 되어서 감사와 소망이 매일 매일 이어지길 또한 축복합니다.

우리 아빠가 세상에서 최고의 아빠예요~~

사랑해요~~"

딸은 처음에 주위의 기대에 맞추어 선택했다고 해야 할 전공과 직장을 뒤로하고 자기가 말한 것처럼 더 큰 세상을 경험하는 자유를 선택하였다. 하와이 YWAM(열방대학)으로 가서 DTS 과정을 시작으로 4년을 지내며 상담 훈련과 사역으로 기간의 절반을 남태평양의 작은 나라들에서 사역하였다. 나도 그 기간 여름 휴가를 이용해 하와이 코나에서 그리스도인 부부를 위한 프로그램 〈하나님의 아버지 마음(Father Heart of God)〉을 한 주일씩 두 해를 다녀왔다. 나에게는 많은 수양 프로그램 중 가장 뜻있는 시간이었다. 거기서 로렌 커닝햄(Loren Cunningham) 총장과도 만날 수 있었다.

얼마 지나지 않아 커닝햄 목사님이 할렐루야교회에 오셔서 이

틀 저녁을 특별 집회를 인도하게 되었다. 나는 반가운 마음에 목사님 방으로 찾아가 김상복 담임목사님과 환담하고 일어서던 커닝햄 목사님을 잠시 뵈었다. 나는 "전에 코나 캠퍼스에서 뵈었다"고 하면서 "내 딸을 총장님한테 4년째 빼앗겼는데, 지금은 캄보디아에서 아웃리치 사역 중"이라고 소개하였다. 총장님은 반가워하시며 대뜸 딸 이름이 무어냐고 묻는다. 이름을 대도 알 리가 없을 것 같아서 나는 "아니, 저, 총장님 캠퍼스에서 제일 예쁜 학생, 그 아이를 모르시나요." 하고 대답했다. 그러자 총장님은 "아 잘 알지요!" 하시며 안 호주머니에서 수첩을 꺼내어 사진 한 장을 보여주며 "이 아이 아니냐?"고 하신다. 그분의 딸 사진이었다. 자유로울 수 있는 그리스도인들의 여유였다. 그날 밤 커닝햄 목사님은 '세상을 바꾼 한 권의 책 성경'을 주제로 성경 66권의 이름과 각 권의 특징을 단 한 줄로 요약한 것을 외워서 읊어주셨다. 2023년 커닝햄 목사님이 주님 품에 안기셨다는 소식을 듣고는 참으로 상실감이 컸다. 그분의 일생의 메시지를 한마디로 요약하면, "모든 나라, 모든 세대에, 모든 언어로, 하나님 말씀 성경을!"이었다. 그리고 "끝까지, 끝까지 포기하지 말라"라고 하였다.

딸과 나의 이야기를 계속한다. 딸의 축복을 받으며 오래 다닌 직장을 은퇴한 나는 곧 자유롭게 남을 도울 수 있는 경영 컨설턴트가 되었다. 그리고 딸은 여러 해 정규 훈련을 받고서 지금은 사람의 영혼을 돌보는 전문 카운슬러가 되어 젊은이들과 부모들을 돕고 있다. 학교에 적응하지 못해 상담센터로 보내지는 수많은 중고생을 상담으로 치유하고 돌보아 학교와 가정에 다시 안착하게 하는 귀한 일을 감당했다. 그리고 집안에서도 어느새 부모와 아이들의 심령을 잘 이해하고 도움을 주는 성숙한 리더로 변했다. 태어나 자라며 남의 목소리를 듣고 선택했던 자신의 전공과 커리어를 내려놓았다.

그리고 조용히 자신을 돌아보며 하나님의 선하심을 믿고 새로운 길로 나섰던 그를 하나님은 사람의 영혼을 돌보는 잘 훈련된, 자유로운 상담자로 키워주시고 지금의 자리까지 인도하셨다. 부모인 우리는 그가 예수님 닮은 상담자, '원더풀 카운슬러'로 성장하며 섬기기를 기도하고 있다. 그래서 "지혜 있는 자는 궁창의 빛과 같이 빛날 것이요 많은 사람을 옳은 데로 돌아오게 한 자는 별과 같이 영원히 빛나리라"(단 12:3) 이 말씀이 이루어지길 기도한다.

*****

유학으로 부모 곁을 일찍 떠나 미국에서 일하는 아들이 늘 그립고 보고 싶었다. 그러다 아들이 새 학교에 들어가기 전에 집에 돌아와 한두 달 지낼 수 있었다. 이 기간에 아들은 어머니에게서 복음을 확실하게 듣고 예수님을 자신의 구주로 영접하였다. 두 사람이 기도원에 가서 사흘을 함께 보냈던 뜻깊고 행복했던 시간을 아내는 오래도록 기억하고 있다.

아들은 LA에서 학교를 졸업한 후 그곳에서 직장을 얻어 몇 해 동안 일하다 나중에 아내 될 사람을 만났다. 서로 교회 친구가 되는 사람의 소개로 만난 둘은 유학을 온 배경과 가정의 배경이 비슷했다. 이름이 정곤이었다. 내가 먼저 그곳에 가서 볼 기회가 있었고, 몇 달 후 아내와 함께 가서 만나보았다. 식사 테이블에 가까이 걸어오는 정곤이를 몸으로 느끼며 아내에게 어떤 마음속 신호가 왔다. "이 아이다." 아내가 기도하며 여쭈어 왔던 하나님의 음성으로 들렸다. 정곤이는 우리와 다른 새로운 가풍과 성품을 가지고 들어왔다. 밝고 긍정적이고 선했다. 부지런하고 활동적이다.

이 둘이 마침내 결혼식을 하게 되었다. 아들이 귀국해 집에 와서 부모와 함께 지낸 며칠의 귀중한 시간은 금새 지나가고 이제 '진짜로' 떠나보내야 할(let go) 시간이 되었다. 하나님이 가정에 주신 법칙들 가운데 '떠남의 법칙'을 실행해야 하는 날이다. 나는 한 크리스천 아버지가 독립해 나가는 사랑하는 아들에게 주고 싶은 축복의 글들을 다 모아 한 장에 적었다. 그리고 김상복 담임목사님이 주례하시는 결혼식에서 하나님께 이렇게 아버지로서 대표기도를 올려드렸다.

하나님 아버지, 오늘 두연과 정곤이, 하나님의 사랑 안에서 서로 아끼고 이해하고 사랑하며 살기를 원하여 하나님 앞에 섰습니다. 이제 하나님께서 이들을 축복하셔서 부부가 되게 하시고 한 가정을 이루게 하옵소서. 이 두 사람이 더 이상 둘이 아니요 한 몸이 되게 하시고 하나 된 몸이 세상 떠나는 날까지 하나 되게 하옵소서.

하나님 아버지, 본래 하나님의 자녀인 두연과 정곤을 우리 가정에 선물로 보내 주셔서 지금까지 사랑으로 돌보게 하신 것을 감사합니다. 오늘 밤 저희는 이 두 사람을 하나님께 다시 드립니다. 지금까지 이들의 삶을 인도해 주신 것 같이 앞으로도 이들의 삶을 하나님이 직접 인도해 주시옵소서.

사랑하는 하나님 아버지, 하나님이 한 부부에게 준비하신 모든 축복을 이들 부부가 받아 누리며, 시절을 따라 삶의 풍성한 열매들을 거두게 하옵소서. 받은 모든 축복을 이웃과 나누며 살 때에 언제나 축복의 통로가 되게 하옵소서.

하나님 아버지, 이들이 일생 사는 동안 저희의 삶 전체를 주관하여 주시옵소서. 물질이 지배하는 이 세상에 사는 동안 하늘의 지혜와 현실의 지혜를 주시고, 어려움을 만날 때마다 믿음으로 이겨나가는 믿음의 사람이 되게 하옵소서. 영원한 하늘의 소망을 지니므로 낙담되는 일이 있을 때마다 밝은 전망을 잃지 않고 언제나 기쁨의 사람이 되게 하옵소서. 아버지여, 이들을 사랑의 사람이 되게 하옵소서. 이웃을 끝까지 사랑하고 남을 섬기는 삶 속에서 자신의 행복을 발견하게 하옵소서.

아버지여, 이들이 새로운 출발을 합니다. 저들의 삶이 떠오르는 태양과 같게 하시고, 날로날로 밝아져 한낮의 태양과 같은 권능과 생명의 빛으로 세상을 밝히게 하소서. 저들의 이 땅에서의 삶이 아름다운 석양과 같이 하나님의 영광을 드러내며 영원한 생명의 길로 이어지게 하옵소서.
예수님 이름으로 기도합니다. 아멘.

결혼을 하고 우리 곁을 떠난 아들 부부는 두 해가 지나 첫아기를 딸로 우리에게 선사하였다. 얼마 동안 아기 이름을 가르쳐달라고 기도하던 아내에게 하나님이 '하경이'라고 일러주셨다 한다. 우리 부부는 아기의 한글 이름을, 아이의 부모는 영어 이름을 지어 합쳐 부르며 서로 흡족해했다. '하경, Sophia Lee', 하나님을 경외하는, 지혜로운 여인으로 자라길 바라는 마음을 담았다. 그리고 말씀으로 "여호와를 경외하는 것은 사람으로 생명에 이르게 하는 것이라. 경외하는 자는 족하게 지내고 재앙을 당하지 아니하느니라"는 잠언 19장 23절의 말씀을 주셨다. 우리 부부는 하나님이 주시는 생명의 신비와 혈육의 사랑을 온 마음과 몸으로 체험하였다.

그리고 3년이 지나 둘째로 아들을 낳았다. 이번에도 합작하여 이름을 지었다. '하준, Joshua Lee', 하나님의 뜻을 준행하는, 여호수아 같은 남자가 되기를 바라는 마음을 이름에 담아주었다. 아이가 자라며 보여주는 성품과 목소리와 몸짓이 또 우리에게 이런 말씀을 고르게 했다. "수금을 탈 줄 알고 용기와 무용과 구변이 있는 준수한 자라. 여호와께서 그와 함께 계시더이다." 사무엘상 16장 18절에서 다윗을 설명한 이 말씀과 함께 이렇게 기도를 드린다. "이 아이에게 듣는 마음을 주셨으니 선악을 분별하는 지혜를 주소서. 하나님 마음에 합한 자로 성장하게 하소서." 자녀와 그들의 자녀의 믿음까지 돌보라 하신 하나님의 말씀대로(신 6:2) 우리는 그렇게 기도하였다. 요한계시록에서 어린 양 예수님 앞에 향이 가득한 금 대접을 가져가는데 "이 향은 성도의 기도들이라"(계 5:8) 하였다. 우리는 그 광경을 믿음으로 보면서 기도를 올려드렸다.

우리 부부는 믿음의 뿌리가 삼대에 이르는 것을 책임지기 위해 노력하였다. 태평양 건너 사는 아이들이라 1년에 한 번 보면 잘 보는 것이다. 그러다 코로나 팬데믹으로 아예 외국 여행길이 막히자 우리는 온라인 '줌' 영상을 통하여 오히려 더 자주 얼굴을 봐가며 대화할 수 있었다.

교회에서 복음 전도사역 〈어린이 전도폭발 Kid's EE〉를 여러 해

인도해 온 아내는 매주 몇 번씩 날짜를 정해 손녀 하경이와 복음을 나누었다. 마칠 때가 되어 아이는 복음의 요절들을 다 외우고 스스로 복음을 영어로 제시하여 아내를 놀라게 하였다. 아이는 예수님과 복음을 바르게 알게 되었고 천국이 어떤 곳인지를 알게 된 것이 가장 기쁘다고 하였다. 나도 할아버지의 역할을 하였다. 주기도문과 사도신경과 십계명을 가지고 함께 외울 수 있게 도왔다. 그러면서 손녀와 조부모는 같은 믿음 안에서 더욱 가까운 사이가 되었다.

그러다 몇 해 만에 중학생이 되어 방학 동안 한국에 나온 하경이는 아침에 일어나 부엌에 가서 아침 준비를 하고 있던 할머니에게 조용히 다가가 뒤에서 안아드리며 "할머니 사랑해요" 말하니, 할머니는 "우리 하경이 뭘 해줄까? 뭐 먹고 싶어?" 물었다. 어떻게 해서든 사랑하는 이 아이를 기쁘게 해주고 싶은 것이다. 그러나 하경이의 대답은 이랬다. "할머니, 난 할머니만 있으면 돼요. 그리고 할머니가 해주는 건 다 맛있어요." 아내는 이 말 한마디에 온 시름이 눈 녹듯 사라지고 감격했다고 한다. 이 순간을 오래도록 잊지 못한다. 하경이에게는 할머니의 음식보다 '할머니'가 더 중요했다. 'Thing'보다 'Being', 관계가 먼저였다. 아이에게, 그리고 우리 모두에게 "하나님 한 분이면 돼요"라는 선언이 늘 마음에 살아있기를 원한다.

부부가 하나 됨을 실현하기 위해서는 늘 노력이 필요했다. 그래서인지 나는 아내와 세 번의 결혼식을 올렸다. 놀랄 '사건'은 아니다. 첫 번의 '보통' 결혼식을 하고서 몇 해가 지나 거듭난 우리 부부는 두 번의 결혼 '갱신식'을 할 기회가 생겼다.

〈Marriage Encounter(ME)〉주말 세미나는 제목이 말하는 것처럼 부부가 서로를 새롭게 발견하는 시간이었다. 이것은 오래도록 지녀온 마음속 숨은 것들을 하나하나 글로 적고 서로 바꾸어 읽고 그것을 가지고 대화하는 시간이다. 많은 부부가 "아니, 당신이 그렇게 아팠어? 진작 얘기하지 않고서…" 긴 세월 함께 살아오면서 한 번도 제대로 다루지 못했던 응어리들을 앞에 꺼내놓는 시간이 되었다. 끌어안고 우는 부부들도 볼 수 있었다. 매우 효과적인 '커뮤니케이션'의 시간이었다.

또 한 번의 갱신식은 하와이 열방대학의 DTS 인도자 래리 발라드(Larry Ballard)와의 주말 모임에서였다. 예수님이 가정의 주춧돌이 되시고, 그 위에 부부가 세워 갈 네 개의 기둥에 대해 배웠다. 그것은 '사랑, 신뢰, 존중, 이해'이며, 모든 인간관계에서 필요한, 그러나 늘 부족한 '4가지 갈증, 4 Human Longings'라고 했다. 그리고 이것은 예수님이 손수 우리를 대하셨던 바로 그 방법이며 그분에게서 계속 배워야 한다는 것이다. 믿는 가정이라면 예수님의 터전

위에 이 4개의 기둥을 세워야 하는데, 거기에는 각각 다음과 같은 특성이 있다고 한다.

- 사랑은 조건이 없는 것. 제일 오래 가는 것, 영원한 것. 상대의 잘잘못이나 예쁘고 미움과 상관없는 것. 하나님의 사랑으로 내 아내, 남편을 사랑하는 것.
- 신뢰는 사람을 세워주는 것. 그러나 나 자신이 신뢰받는 사람이 되어야 받을 수 있는 것. 신뢰를 쌓는 데는 오래 걸려도, 무너뜨리는 것은 한순간임을 잊지 말 것.
- 존중은 상대의 가치와 품위와 존귀를 인정하는 말과 행동과 태도. 그러나 함께 오래 살아온 부부일수록 이를 소홀히 할 수 있는 것. 그러므로 의지를 가지고 노력해야 하는 것.
- 이해는 가장 힘들고 시간이 걸리는 것. 사람의 깊은 곳에 있는 마음의 동기와 고통의 뿌리는 자신도 잘 모를 수 있는 것. 그래서 그리스도처럼 깊은 곳을 헤아리고 이해하려는 태도를 키워야 하는 것.

나는 여러 해 전 교회 직분자들과 제자훈련반을 마치며 인생의 가장 존경하는 사람을 생각해보고 그 사연을 서로 발표하는 시간에 내 아내를 대상으로 '네 기둥'을 가지고 편지를 썼다.

〈아내에게 쓰는 편지〉

엊그제만 같았던 우리의 만남이 어느덧 결혼 37년째, 그리고 우리는 60 중반에 와 있습니다. "가을엔 편지를 하겠어요" 하는 젊은 날의 노래가 생각납니다. 오늘 나는 인생의 가을을 지나며 내가 사랑하는 당신에게 편지를 쓰겠습니다. 제자훈련 시간에 성품을 공부하며 나의 인생에 가장 존경하는 세 사람을 말할 때 나는 아내인 당신을 말했습니다. 그리고 오늘 그 이유를 적어봅니다.

1. 당신은 나를 끝까지 사랑하였습니다.
당신은 수많은 결함을 가진 나를 언제나 받아주고 인정해주고 사랑하였습니다. 되갚을 수 없는 지난날의 허물들도 다 덮어버리고 나를 품어주는 아가페 사랑을 하였습니다. "여보 고마워요. 사랑해요"라고 말로 하는 것은 내가 잘하지만, 당신은 자신의 모든 것을 가지고 나를 사랑한다는 것을 내가 잘 압니다. 내가 당신을 잊고 지나는 하루의 시간에도 당신은 나를 잊지 않고 기도하는 것을 매일매일 발견합니다.

2. 당신은 나를 어려운 상황에서도 신뢰하였습니다.
우리 둘 사이에 말이 필요없는, 우리만 아는 고통이 있었지요. 내가 나 자신을 포기하다시피 했던 젊은 날의 한 시절, 당신은 오히려 나를 포기하지 않았습니다. 나의 장점만을 보며 가능성만을 붙든 당신은 하나님께 눈물로 기도하기 시작했습니다. 나를 좋은 사람이고, 선한 사람이고, 하나님이 꼭 살려서 써야 할 사람이라고 나를 변호하며 하나님을 붙들고 늘어졌습니다. 당신은 자기에게도 해보지 않은 목숨 건 기도를 나를 위해 했습니다. 당신의 그 믿음 덕분에 하나님 구원의 선물이 내 인생에 찾아왔던 것입니다.

3. 당신은 나를 의지적으로 존중해 주었습니다.

당신은 아무리 화가 나는 경우에도 저주 섞인 말이나 인격을 다치게 하는 일은 절대 하지 않았습니다. 나의 남편과 아빠 된 자리에 당신은 존엄과 권위를 부여해 주고 존대를 했습니다. 친할수록 더 존중해야 한다는 그 어려운 일을 당신은 잘 해내어 우리 가족 모두에게 하나님의 자녀다운 존귀를 지켜 주었습니다. 먹는 일과 입는 의복과 모든 생활에서 검소하면서 우아하고 단정함으로 나의 가정과 사회에서의 위치를 존중했습니다.

4. 당신은 나를 깊이 이해해 주었습니다.

당신은 내가 무엇을 좋아하는지, 왜 기뻐하는지, 무엇으로 괴로워하는지, 왜 슬퍼하는지, 언제나 이해를 해주었습니다. 나 자신도 미처 알지 못하는 내면 깊숙이 자리 잡은 어린 시절의 어두운 상처도 오히려 당신이 더 깊이 이해하고 조심하기도 하였습니다. 그러나 나는 37년을 함께 살면서도 아직도 당신이 누구인지 잘 모를 때가 많습니다. 참으로 사람의 속마음을 깊이 헤아리는 것은 하나님의 영역인 것 같습니다.

그래요. '사랑과 신뢰와 존중과 이해', 이 네 가지는 바로 예수님이 우리를, 아니 모든 사람을 대하는 방식 그대로였습니다. 신실하고 아름다운 영혼의 당신은 나보다 앞서서 성숙한 예수님의 성품을 닮아가고 있습니다. 봄과 여름은 가고 우리에게 남은 가을과 겨울의 여정을 함께 마치는 날, 하나님 앞에 나아가 그 아들 예수님 닮기를 사모해 온 우리 모습 보여드리며 그의 모든 은혜를 영원히 찬양하는 그 전망을 나는 참 좋아합니다.

사랑하는 남편이,

이 편지는 함께 훈련받은 분들과 먼저 나누었고 좋은 반응을 보여주어서 얼마 후 교회 신문에도 실렸다. 아내를 아는 여러분이 그에게 다가와 "자기만 그렇게 살면 되는 거야?" 하며 부러움과 칭찬을 함께 표하며 기뻐했다. 나에게도 남자 성도들이 의외라는 반응과 함께 공감을 표시해 주었다. 나에게는 남들이 모르는 나의 진실과 약함을 드러내는 것이 자신과 성도들에게 유익이라는 믿음이

있었다. 성도의 교제에서 자신의 연약함을 내어놓는 만큼 그 관계
는 의미와 깊이를 더해갈 수 있었다.

발라드 목사님과 함께 지냈던 주말 모임의 주제는 "하나가 되는
가정"이었다. 예수님 자신이 주춧돌이 되시고, 그 위에 부부가 세
워야 할 "네 기둥"과 그 위에 지붕을 얹어 완성하는 그림이었다. 사
도 바울은 우리가 그리스도 예수 안에서 "건물마다 서로 연결하여
주 안에서 성전이 되어간다"(엡 2:21)고 하였다. 결혼과 가정은 이
렇게 이 땅에서 하나님의 집을 지어가는 일이고, 애써 노력해야 하
는 것이고, 성장과 성숙과 성화의 과정이다. 그리고 그것은 가능하
다. 예수님이 손수 자기를 희생하여 본을 보이셨기 때문이다.

5장
_____

교회 섬기기
(Church)

1절 복음주의 교회

교회의 선택

나는 거듭난 이후 교회 예배에 헌신하여 말씀과 찬양으로 영적 건강을 이루어갔다. 그렇게 몇 해가 지나면서 나에게 예배 말고도 다른 것에 대한 욕구가 점점 더 자라나고 있었다. 할렐루야교회를 방문하여 거기서 내가 원하던 요소들을 보았다. 성도의 교제와 지속적 배움의 기회와 나에게 맞는 섬김의 사역들이 있었다. "바로 여기구나!" 하는 마음의 끌림이 있었다. 그리고 지금까지 34년, 내가 사랑하고 자라나고 섬겨온 '나의 교회'가 되었다.

교회는 특정 교단이나 종파에 소속되지 않았다. 정통적 복음주의였고 교회의 규범은 장로교에 가까웠다. 국내외 사역이나 그들 인사와의 소통과 교류가 열려있어 건강한 분위기가 금방 피부로 느껴졌다. 미국에서 신학대학 교수를 하며, 메릴랜드에 한인교회를 설립하여 목회하시던 김상복 목사님이 귀국해 부임하시고 1년이 지나서였다. 나에겐 목사님의 일화가 인상적이었다. 미국 신학대학교에 교수로 임용되기 위한 총장님과의 인터뷰에서 총장님이 김 목사님에게 어느 교단 소속인지를 물으셨다고 한다. 이에 목사님은, "총장님, 저는 '크리스천'입니다(Sir, I'm a Christian)." 이렇게 답변하셨다고 한다. 이에 총장님은 크게 웃음을 터뜨리며 더는 묻질 않고 흔쾌히 받으셨다고 한다. 나는 그런 목사님과 교회가 좋았다.

나 자신도 당시 미국에서 많은 청취자를 가진 한 목사님의 설교 중에 이런 말을 들었었다. 서구에서는 흔히 '어느 교회 다니는가'를 물을 때는 '어느 교단이냐'를 묻는 것이라 하는데, 그 목사님은 사람들이 이 질문을 할 때마다 자신은 "metho-bap-terian"이라고 한다는 것이다. 나로서는 도무지 알 수 없는 단어인데, 미국 청중들은 그 자리에서 알아듣는 것 같았다. 애써 독해를 해보니 사전에도 없는 세 단어의 합성어다. methodist, baptist, presbyterian. 즉 "저는 감리-침례-장로교 교인입니다." 이런 말이었다. 특정 교단에 속하지 않는다는 것을 이렇게 표현한 것이다.

나는 또한 우리 시대에 세계 복음주의를 섬기신 존 스토트(John Stott) 목사님의 《균형 잡힌 기독교(*Balanced Christianity*)》의 가르침을 따르고 싶었다. 그는 복음적인 그리스도인들의 무의미한 분

열과 양극화를 안타까워하며 이 책을 썼다. 그분은 '지성과 감성, 보수와 진보, 형식과 자유, 복음전도와 사회참여,' 우선 이 네 가지를 지목하여 이들은 "둘 중의 하나가 아니라, 둘 다 중요한 것"이며, 둘 사이의 건강한 균형이 필요하다고 가르쳤다. 그리고 이를 한데 묶어 오래전 어거스틴의 것으로 전해오는 명언을 적용하였다. "본질적인 것에는 일치를, 비본질적인 것에는 자유를, 모든 것에 사랑을(In essentials unity, In non-essentials liberty, In all things charity)."이다. 이것은 우리 교회뿐 아니라 어느 공동체, 사회, 국가에나 나타나야 할 모습임이 분명하다.

그리스도의 몸

교회에서 나에게 중요한 훈련과 섬김의 기회들이 주어졌다. 나는 나의 은사와 교회 안의 필요를 따라 적극 참여하였다. 지내면서 보니 그것이 바로 그리스도인의 삶의 목적이었고, 교회가 존재하는 목적이었다. 그리스도의 몸의 한 지체로 성장하고, 다른 지체와 연합하고, 몸의 머리이신 예수님과 하나가 되는 삶이었다. 하나님이신 예수님이 하나님과 동등 됨을 취할 것으로 여기지 아니하시고 이 땅에 종의 모습으로 오셔서 섬기시다 모든 인간의 죄를 대신 지고 십자가에 달려 죽으신, 그 예수님의 마음을 알아가는 일이었다(빌 2:5-8). 나도 그 마음을 품고 예수님의 제자가 되어가는 것이었다.

예수님이 직접 말씀하신 제자는 이런 것이었다. 우리가 예수님 말씀에 거하면 참으로 그의 제자가 되고(요 8:31), 우리가 서로 사랑하면 이것으로 모든 사람이 우리가 예수님의 제자인 줄 알 것이요(요 13:35), 우리가 열매를 많이 맺으면 아버지께서 영광을 받으실 것이요, 우리는 예수님의 제자가 될 것(요 15:8)이라고 하셨다. 그리고 바울은 제자의 삶에 맺혀야 할 열매를 "성령의 아홉 가지 열매"(갈 5:22-23)로 가르쳤다. 이것이 예수님 제자의 삶이고, 성화와 섬김의 삶이었다. 그것은 어떤 사회 공동체처럼 직분이나 직위나 경륜을 말하는 것이 아니었다.

"사람처럼 생겼으면 그냥 사랑해 버리라"

이것은 목사님이 성도의 기본적 태도를 오래 기억할 수 있게 표현한 말이다. 사람들은 열심히 사역할 때 그의 참된 모습이 드러난다고 한다. 성도 가운데에는 간혹 동역하는 형제자매에 대해 분을 못 참고 담임 목사님을 찾아와 '신고'를 하는 경우가 있다고 한다. "목사님, 그 사람 좀 야단을 치든지 쫓아내든지 하셔야지요. 그 사람 때문에 모두가 힘들어해요." 이럴 때마다 목사님은 웃으시면서 이렇게 조용히 달래주신다고 한다. "아, 집사님, 몹시 화가 나셨군요. 그런데 집사님, 이거 아세요? 교회에는요, 형제끼리 미워하고 싸우면서까지 꼭 해야 할 사역은 없다는 것을요?"

그러면서 "사람처럼 생겼으면 그냥 사랑해 버리라" 하는 말을 하셨고, 근본적으로 사람은 "믿음의 대상이 아니라 사랑의 대상"이라고 하였다. 예수님은 여러 번 "서로 사랑하라"고 하셨다. 그러나 죄의 지배 안에 너무 오래 있었던 탓인지 나로서는 미운 사람을 사랑하는 것, 특히 직장에서나 교회에서 간혹 오만한 태도가 몸에 밴 사람들을 볼 때 자연히 생겨나는 미움을 사랑으로 바꾸기는 참 어려울 때가 많았다.

사랑은 예수님 안에서

그러면 우리는 어떻게 사람을 사랑할까? 내가 배운 답은 이런 것이었다. 사랑스런 사람을 감성으로 사랑하는 것은 누구나 할 수 있지만, 사랑할 수 없는 사람을 사랑하는 것은 예수님처럼 감성의 한계를 넘어 전인적으로 끝까지 사랑하기로 결단해야 하는 것이다. 아니 인격의 본질이 사랑으로 바뀌어 가야 한다. 그래서 우리는 사랑이신 예수님과 개인적인 친밀한 관계 속에 살아야만 한다. 그래야 우리도 '때때로' 사랑하는 것이 아니라 '사랑의 사람'이 되는 것이다. 어느 영성 작가의 잊히지 않는 말이 있다. "내 영혼에 진정 밤이 지나고 새벽이 온 것은 어떻게 알 수 있는가? 그것은 숲의 나무들과 동물들이 눈으로 분간이 되는 시간이 아니라, '내 옆에 있는

그 모르는 사람이 바로 내 형제, 내 자매로 보이기 시작하는 그때'
라고."

　예수님을 부인하고 처절한 실패로 좌절하던 제자 베드로에게 부
활하여 찾아오신 예수님이 그와 나누신 대화에 답이 있을 것 같다.
"요한의 아들 시몬아," 이렇게 이름을 부르시며 "네가 나를 사랑하
느냐?"고 세 번 물으신 예수님은 겸연쩍게 겨우 "내가 사랑하는 줄
주님이 아십니다"라고 대답하는 베드로에게 "내 어린 양을 먹이라"
고 하셨다. 우리에게는 한 번의 결심이나 의지로 사람을 섬기는 사
역을 계속할 능력이 없다. 예수님을 사랑하는 동안만 진정 남들을
사랑할 수 있다. 예수님과 늘 친밀한 사랑의 관계 속에 대화해야
한다. 그런 사랑에서 멀리 떨어진 사람이 가정의 가장으로, 교회의
중직자로, 일터의 지도자 자리에서 사람을 사랑하려니까 자기도
고생이고 남들도 괴롭다. 내게 없는 사랑을 남에게 줄 수 없는 것
이다. 그러니 마음으로 존중을 얻지 못하는 외부적 권위만 점점 커
진다.

　그래서 예수님은 베드로에게 사실상 "네가 나를 사랑하면 그 사
랑을 가지고" 내 양을 돌보라고 부탁하신 것이다. 예수님은 포도나
무에서 떨어져 버린 가지는 죽은 것이라 하셨다. 그에게 붙어있지
않으면 그와의 친밀한 사랑의 관계, 생명의 관계가 더는 아니기 때
문이다. 이것은 내가 체험하는 진실이다. 멀어졌다가 허무를 잠시
체험하고는 돌아오고, 다시 멀어졌다 돌아오기를 되풀이하다 다시

는 그러고 싶지 않게 되었다. "하나님이 멀리 계시는 것 같으면 누가 멀어져 갔나를 생각해 보라"는 말이 있다. 언제나 우리가 스스로 떠났던 것이다.

○○○

2절 평신도의 목회적 섬김

김상복 목사님이 인도하는 평신도목회 훈련을 20년 동안 꾸준히 받았다. 그 과정은 우리 교회뿐 아니라 전국 누구에게나 열려있었다. 모두 44개 과목이나 되었다. 주제로는 성경 13, 신학 12, 목회 8가지였다. 과목의 수로만 보면 신학대학 과정을 두세 번 이수한 것과 같다. 그리고 그것을 다 합치면 바로 3S 신앙이라고 할 수 있다. '구원의 확신, 성화/성장의 삶, 섬김의 삶'이다. 이미 구원의 기쁨을 안고 사는 나는 이어서 교회와 나에게 필요한 훈련과 사역을 선택했다.

하나님이 나에게 주신 선물, 곧 '은사'를 성경에 나타난 25가지 은사를 가지고 테스트를 해보니, 나의 주된 은사는 '영적 분별력, 가르침, 격려, 화평' 같은 것이었다. 그리고 또 다른 간단한 기질 검사에서는 '일, 성과 중심'보다는 '사람, 관계 중심'에 가까웠다. 은사와 기질은 모두가 다른 것이고, 더구나 그것들의 조합으로 보면 세상에 똑같은 은사를 가진 사람은 하나도 없는 것이다. 나는 내가 받은 것들에 감사한다. 이런 은사 때문에 예수님과 개인적으로 친밀한 관계에 있을 때야 비로소 행복하고 힘이 나고 보람이 생기는 것 같다. 이렇게 은사를 사용해 교회가 필요로 하는 사역을 하며 지금에 이르렀다. 여기서 평신도가 평신도를 목회적으로 섬기는 30년의 보람을 정리해 나누려 한다.

'제2차 종교개혁'

존 스토트 목사님은 "교회가 새로운 시대, 곧 제2차 종교개혁 시대를 맞이하였다. 16세기 종교개혁이 평신도에게 성경을 돌려주었다면 이제 두 번째 종교개혁에서는 평신도에게 목회적 사역을 돌려주는 것이다. 지금은 교회를 위한 새로운 시대이다."라고 평신도 사역을 강조하셨다. 평신도목회는 목사님이 모든 교인의 삶을 직접 돌볼 수 없다는 엄연한 사실에 대한 성경적 대안이다. 모든 백성을 혼자 돌보다 지쳤던 모세가 장인 이드로의 말을 듣고 여러 지도자를 세워 그들로 백성을 돌보게 하였다. 이렇게 천부장, 백부장, 오십부장으로 책임을 분담하는 것이 오늘날 대부분의 조직 구조의 유래가 된 것이다.

다윗도 그의 시대에 자신의 목숨을 노리는 사울 왕의 추적을 피해 처절히 유리하면서, "오른쪽을 살펴보소서 나를 아는 이도 없고 나의 피난처도 없고 내 영혼을 돌보는 이도 없나이다"(시 142:4)라고 고백했다. 사람은 누구나 사랑받고 기도를 받고 돌봄을 받을 필요가 있는 것이다. 신약 성경에서도 성도는 서로 격려하고 세워주고 한데 연합하라고 말씀하고 있다. 그런데 초대교회처럼 교회가 가정교회와 같았던 때에는 리더가 되는 사람이 한 사람 한 사람을 돌볼 수 있겠지만 그 대상이 열 명만 넘어도 이미 한 사람이 돌볼 수 있는 한계를 벗어나게 된다.

사도 바울도 에베소 교회에 편지하며 그리스도께서 우리 각 사람에게 서로 다른 영적 은사들을 주셨는데 목사님(the pastors-teachers)은 성도를 훈련하여 서로 섬기게 하여 그리스도의 몸, 곧 교회를 세우게 하라고 하였다. 신약에서 대사명, 대계명 외에도 주요 계명들이 있는데, 그중 하나는 "목회 대사명"이라 불리는 이 말씀이다.

"그가 어떤 사람은 사도로, 어떤 사람은 선지자로, 어떤 사람은 복음 전하는 자로, 어떤 사람은 목사와 교사로 삼으셨으니 이는 성도를 온전하게 하여(equip) 봉사의 일(works of service)을 하게 하며 그리스도의 몸을 세우려 하심이라. 우리가 다 하나님의 아들을 믿는 것과 아는 일에 하나가 되어 온전한 사람을 이루어 그리스도의 장성한 분량이 충만한 데까지 이르리니"(엡 4:11-13)

새로운 목회 패러다임

나의 교회에서는 평신도의 상호 돌봄사역 훈련을 시작하면서, 미국에서 이 분야의 많은 실제적 경험을 가지고 그 사례들을 여러 교회와 공유하였던 멜빈 스타인브런(Melvin Steinbron) 목사를 포함하여, 평신도목회의 성경적 관점과 적용방안의 실제를 많이 참고하였다. 특별히 스타인브런의 《목회, 혼자 할 수 있나?(Can the pastor do it alone?)》에는 많은 실질적인 사례들이 있었다. 그는 목양의 세 가지 방법을 말했다.

첫째는 '전임목회'다. 목회자 혼자서 모든 성도의 삶을 돌본다. 그러나 곧 현실적으로 감당할 수 없게 된다. 그러다 보니, 둘째로 '위기관리 목회'를 하게 된다. 성도에게 어렵고 중요한 문제가 생겼을 때에만 돌본다. 우리 교회에서 모였던 국제 평신도목회 세미나에 주강사로 참여했던 슬로컴(Robert Slocum) 장로님의 말이 생각난다. 위기관리 목회란 대개 인생의 3대 이벤트인 출생과 결혼과 장례를 주례하는 데 그칠 수밖에 없다고 하며, 이를 'carry, marry, bury'라 표현한 것이 기억난다. 그리고 세 번째가 '평신도목회'이다. 평신도가 평신도를 돌보는 것이다. 교회 안의 모든 성도가 매일의 삶 속에서 돌봄을 주고받을 수 있는 유일한 방법이다.

목회에 대한 과거 패러다임도 '성경적 패러다임'으로 바뀌어 왔다. 전통적 사고에다 새로운 사고가 더해져야 한다는 것이다. 여기에 몇 가지를 예시해 본다.

〈전통적 사고에 더하여 + 새로운 사고를〉

■ 목회는 목사가 하는 것이다 + 모든 평신도는 목회적 소명을 받았다

■ 평신도는 목사의 목회를 돕는다 + 목사는 평신도의 목회를 돕는다

■ 목사는 많은 은사를 가졌다 + 평신도가 함께할 때 모든 은사가 나온다

■ 목사는 하나님과 교인에 책임 + 모든 성도는 하나님과 목사 앞에 책임

■ 신학교는 "부름받은 사람"을 목사로 훈련한다 + 교회와 목사는 "부름받은" 평신도를 훈련하여 목회자로 만든다

목회적 돌봄과 은사들

하나님은 우리 모두에게 서로 다른 영적 은사와 능력과 기질과 경험을 주셔서 그것을 가지고 서로를 섬기게 하신다. 모두가 자신

의 것을 사용하여 섬길 때에 교회의 모든 사역에 필요한 것들이 빠짐없이 나타난다. '동물학교'의 비유에서 이것이 잘 나타나 있다.

한 동물학교가 있었습니다. 학생들은 독수리와 오리와 토끼와 다람쥐였습니다. 교과 과정은 날기, 헤엄치기, 달리기, 나무타기였습니다. 그리고 모든 학생은 이 네 과목을 모두 이수해야 했습니다. 그렇게 한 학기가 지나갔습니다. 독수리는 그만 날개를 다쳐 다른 과목은 고사하고 날지도 못하게 되었습니다. 오리는 발갈퀴를 다쳐 헤엄을 치지 못하게 되었습니다. 토끼와 다람쥐도 다리가 다쳐 달리지도, 나무를 타지도 못하게 되었습니다. 새 학기가 되어 두더지가 입학했습니다. 그래서 학교에서는 땅파기 과목을 추가했습니다. 모두에게 열심히 하라고 격려했습니다.

이 이야기는 많은 사람에게 학교 교육에 대한 풍자로 읽힐 것이다. 그러나 또한 하나님께서 모든 사람 각자에게 다르게 주신 특별한 선물들을 우리가 얼마나 오용하고 낭비하는지를 말해준다. 우리는 남이 받은 것을 부러워할 필요가 없고, 또한 내가 가진 것을 남이 가지지 않았다고 업신여겨서도 안 된다. 그것을 주신 분을 탓하는 것이기 때문이다. 선물을 주신 이는 하나님이시다.
평신도의 돌봄 사역은 전형적인 목회적 사역이고 여기에 적합한 은사들이 있다. 긍휼의 마음, 공감력, 진실성, 돌보려는 태도와 준비, 경청, 격려, 인내 같은 것이다. 그중에 빠질 수 없는 것은 '긍휼, 곧 사랑'이다. 사도 바울은 고린도전서 12장에서 여러 가지 영적인 은사에 대해 언급하던 끝에 "너희는 더 큰 은사를 사모하라. 내가 또한 가장 좋은 길을 너희에게 보이리라" 하고는 이어서 13장 전체를 사랑에 할애하였다. 그는 어떤 은사라도 사랑 없이 사용하면 그것은 아무것도 아니라(nothing)고 했다.

사랑, 첫 번째 은사

위에서 긍휼(compassion)을 사랑(love)이라고 했지만, 조금 다르다고 할 수 있다. 정확하게는 '긍휼'은 남의 고통을 함께(com) 아파하는(passio) 것이라고 정의한다. 성경에 사용된 원어는 너무나 불쌍하여 '창자가 끊어지는 아픔'이라는 뜻이다. 이것이 우리가 남을 사랑할 수 있는 기본적 심령이고 역량이다. 이 긍휼의 자세가 내게 있을 때, 예수님이 누구인지, 그분이 "마음이 가난한 자, 애통하는 자, 지극히 작은 자"와 같은 말씀을 하실 때 어떠한 마음으로 하신 것인지를 알기 시작하게 될 것이다. 그리고 "하나님은 사랑이시다"라는 구호의 진정한 뜻을 자세한 설명 없이도 가슴으로 받아들일 수 있게 된다.

한국전쟁에 선교사 겸 종군기자로 참여하였다가 추운 겨울 폐허 속에 버려지고 남겨진 아이들의 처참한 광경을 눈으로 목도하고서 큰 충격을 안고 돌아가는 밥 피어스(Bob Pierce) 목사님에게, 하나님은 "자, 너는 그 광경들을 눈으로 보았지 않느냐. 이제 너의 할 일은 무엇이라 생각하느냐?"라고 물으시는 것 같았다고 한다. 그는 고국에 돌아가 준비하여 월드비전(World Vision)을 시작하고 이후 셀 수 없이 많은 고아의 생명을 지금까지 살려내었다. 그는 하나님께 이렇게 간구하였다고 한다.

"하나님, 당신의 마음을 아프게 하는 일에 제 마음도 아프게 만들어주세요(Let my heart be broken by the things that break the heart of God)."

우리는 누가복음 15장에 나오는 "돌아온 탕자"의 이야기에서 동생을 반가이 맞아주지 않은 탕자의 형을 못마땅하게 여긴다. 그러면서 그 이유를 겉에서만 찾으려 하는 것 같다. 그의 진정한 문제는 집 나간 '탕자' 아들을 하루도 잊지 못하고 기다리던 아버지의 아파하는 마음을 가질 수 없었기 때문이다. 그에게는 긍휼, 컴패션, 함께 아파하는 가슴이 없었다.

"주린 자에게 네 심정이 동하며 괴로워하는 자의 심정을 만족하게 하면 네 빛이 흑암 중에서 떠올라 네 어둠이 낮과 같이 될 것이며, 여호와가 너를 항상 인도하여 메마른 곳에서도 네 영혼을 만족하게 하며 네 뼈를 견고하게 하리니 너는 물 댄 동산 같겠고 물이 끊어지지 아니하는 샘 같을 것이라"(사 58:10-11)

하나님 안에서는 돕는 자가 도움받는 자보다 진정한 유익을 얻는다. 사람에게 은혜를 베푸는 자에게 하나님의 은혜가 넘친다. 에너지를 쓰는 사람에게 하나님이 더욱 에너지를 공급해 주신다. 남의 문제를 가지고 씨름하는 사람은 자신이 끌어안고 있던 문제가 어느새 해결되어 있는 것을 발견하게 된다. 이것이 자신을 섬기는 자와 남을 섬기는 자의 다른 점이다. 하나님의 사랑과 신실하심은 과연 놀랍다.

돌봄 사역의 기본은 '페이스(PACE)'

많은 교회에서 소그룹(small group)을 조직해 성도의 교제를 도모한다. 사랑방, 셀, 순, 목장, 다락방과 같은 이름으로 모인다. 우리 부부는 교회의 사랑방에 오래 참여하였다. 구역 중심으로 되어 있어서 집을 이사하면서 세 번을 '방장'과 방 식구로 섬겨왔다. 사랑방은 과연 성도의 돌봄 사역의 장(場)이요, 전형적인 목회적 활동이다.

사랑방장과 방원의 기본임무는 'PACE'이다. 나부터 훈련받고서 이후 여러 해에 걸쳐 평신도 목회자 훈련에 주력하였다. 이것은 사랑방 식구들을 위해 늘 기도하고(Prayer), 시간과 삶의 일부를 내어주고(Available), 여러 방법으로 만남과 교류가 있고(Contact), 신앙의 본을 삶으로 보여주는 것(Example)이다. 이것은 예수님이 이 땅에 몸소 오셔서 목자 없는 양과 같은 사람들과 삶을 나누시며 하셨던 바로 그 일이다.

기도(Prayer):

예수님은 언제나 정해진 시간에 기도하셨고, 특별한 일을 앞두고는 더욱 깊이 기도하셨다. 모든 사역은 기도로 시작하고 기도로 진행하고 기도로 마치셨다. 그분은 하나님 앞에서 맡기신 양들을 섬기셨다. 나의 아내는 매일 새벽이면 자기 방에 들어가 몇 시간씩 혼자 기도해 왔다. 아내는 우리 자녀를 위해, 이어서 교회 사랑방 가족 하나하나를 위해 기도한다. 하루는 어두운 방 한쪽 책상에 엎드려 조용히 웅얼거리는 아내의 기도 소리를 들으며 무슨 기도를 하는지 가까이서 들어보았다. 우리 사랑방의 한 가족의 아이들 중 첫째 아이를 위해 기도하고 있었다. 나중에 사랑방 가족이 모였을 때 "내가 엿들은 비밀 이야기 하나 하겠다"고 하며 이 이야기를 했다. 모두 감사해하고 기뻐하였다. 사랑방의 누군가가 매일 새벽 자기와 자기 자녀의 기도 제목을 놓고 기도한다는 사실을 알았기 때문이다. 그 후 한참 지나서 이 아이를 위해 했던 기도 제목이 온전히 이루어진 날 우리는 모두 기뻐했다. 하나님은 더 기뻐하셨을 것이다.

시간 내기(Available):

예수님은 시간을, 아니 자신을 사람들에게 내어주었다. 많은 무리를 위해 사역하셨고, 예정에 없던 작은 자 하나가 붙들어도 이를 뿌리치지 않고 이야기를 다 들어주시고 그의 필요를 해결해 주셨다. 그리고 무엇보다 죄 없는 분이 십자가에 달려 대속의 죽음의 고통을 받아야 하는 그때 예수님은 하나님의 뜻에 순종하여 자신을 내어놓으셨다. 돌봄 사역도 이와 같아서 자신의 시간을, 곧 삶의 한 부분을 내어놓아야 하는 것이다.

만나기(Contact):

예수님은 잃어버린 양 하나를 찾아 나섰다. 오늘날 전문 심리상담자들은 사무실이나 어떤 장소를 정해놓고 보상을 받고 상담을 하지만, '위대한 상담자'이신 예수님은 세상에 나아가 두루 돌아다니며 사람을 만나 들어주고 이해하고 사랑하고 가르치고 터치하고 치유하셨다. 이처럼 우리도 예수님의 심정을 갖고 그의 손과 발이 되어 사람들을 만나 터치를 해야 하는 것이다. 그렇게 하는 것이 몸으로 체득하는 것이고 우리 믿음이 진정으로 자라게 되는 방법이다.

본이 되기(Example):

예수님은 이 땅에 사실 때 그분의 모든 언행심사를 통해 "이렇게 살라" 하시는 본을 보여주셨다. 늘 하나님 나라의 비전을 말씀하셨고, 마음이 깨끗한 사람은 복이 있다 하시며 팔복을 가르치셨고 그대로 사셨다. 제자들을 모으고 가르치고 사명을 주고 때로는 꾸짖으셨다. 그러나 끝까지 용서하고 신뢰하시고 격려하시며 세상에 보내어 인간의 역사를 바꾸셨다. 그리고 본래 하나님의 아들이신 분이 섬기는 자, 종으로 사셨다. 돌봄 사역을 맡은 사람은 이렇게 예수님의 본을 보여주어야 한다. 완전한 본은 결코 아무도 보일 수 없지만 진정성을 가지고 그 방향으로 언제나 향해서 가면 된다. 예수님은 이렇게 섬기는 자가 가장 큰 자라고 하시고 우리에게 그렇게 살라고 격려하셨다.

그러므로 페이스(PACE)는 하나의 훈련 프로그램이 아니고 삶 자체이다. 그것은 이웃을 사랑하는 모든 그리스도인의 '직무기술서'(Job Description)라 할 수 있다.

돌봄의 대상

사랑방은 대표적 평신도목회의 장이지만 돌봄의 대상을 사랑방 조직에 국한할 필요는 없다. 찬양대와 교회학교와 모든 사역팀에서 서로를 돌볼 수 있다. 찬양대라면 음악만을 위해 모였다 헤어지는 것이 아니다. 지휘자가 파트장들을, 파트장은 파트원들의 삶을 위해 기도하고 만나고 마음을 쓰며 돌볼 수 있다. 교회학교에서도 선생님은 한 주일 168시간 중 한 시간을 함께 공부하는 것으로 그치지 않고, 나머지 시간에 학생들과 기도하고 대화하며 돌보는 범주를 넓힐 수 있다. 교회에 새로 등록하고 정착하는 과정에 있는 성도들도 그 기간 동안 특별히 돌보는 누군가가 필요하다.

김상복 목사님은 미국에서 한인교회를 담임하며 평신도목회의 살아있는 사례들을 경험하셨다. 한번은 교회의 버스를 운행할 기사 한 분을 모집하기 위해 공고를 내며, "버스 목회자를 구합니다"라고 하였더니 몇 사람이 관심을 보이며 '버스 목회자'가 하는 일이 무엇이냐고 물어왔다고 한다. 그래서 버스 목회자란 교회 버스를 운행하면서 내 버스를 타는 성도들의 얼굴과 이름을 기억하고, 대화와 교제를 통해 그분을 깊이 알아가고, 그러다 보면 누구나 자기의 기도 제목이 있으니 그것을 말해주면 한 주일 동안 기도하고, 다음 주 만나면 그것을 가지고 또 대화하고, 버스 운행을 하면서도 교회소식과 알림사항들을 알리는 가이드 역할도 하는 것이라고 하였더니, 한 젊은 분이 지원하여 그대로 감당하였는데, 시간이 지나며 그만 이 일이 너무나 자기에게 맞아서 목사님과 상담하여 '전문 목회자'의 길을 가기로 했다는 것이다. 그러면서 했던 말이 "목사님들은 너무나 이기적이셔요. 이렇게 재미있고 보람 있는 일을 그동안 목사님들만 누리시고 평신도들에게는 지금까지 기회를 주지 않으셨잖아요."라고 불평 아닌 불만을 토로했다고 한다. 한참을 지나 그분을 만나신 목사님은 그가 성공적으로 전문 목회하는 모습을 보았다 한다. 이렇게 볼 때, 평신도목회는 교회의 제도 안에서도 필요하지만 성도가 가정과 친구와 일터와 같은 모든 인간관계에서 마음만 있으면 실천할 수 있는 하나의 생활패턴(life style)으로 여기면 좋을 것이다.

목양장로 사역

나는 12년간 교회의 장로로서, 그중에도 후반 5년을 목양장로로 자원하여 섬겼다. 예정된 은퇴를 얼마 앞두고 목양장로로 사역한 내용을 요약하여 교회에 보고드렸다. 그 당시는 목양장로 사역의 상세한 표준이 아직 개발되지 않았던 때라 이후에 목양 사역을 발전시켜 나가는데 조금이라도 도움되기를 바라는 마음에 정리해 드렸던 것이다.

대부분 교회에서도 사랑방(소그룹) 사역을 비롯해, 평신도가 각자 받은 은사들을 사용해 여러 방면으로 교회의 유익을 도모할 수 있도록 돕는 제도적 뒷받침이 필요할 것이다. 나 자신의 경험을 정리한 것이 도움되기를 바라는 마음이다.

1. 평신도목회와 사랑방: 교회 지도자 모두의 사역

저는 오래전부터 주일에 전 성도가 모여 예배와 사역을 하는 '모이는 교회(gathered church)'를 섬겼고, 또한 성도가 그리스도 안에서 한 형제와 자매로 삶을 나누는 '흩어져 모이는 교회(scattered church)' 곧 사랑방을 진심으로 믿고 실천하려 애써왔습니다. 그리고 성경은 교회의 모든 평신도 지도자에게 목양의 책임이 있다고 하였고(lay ministry), 우리의 사랑방은 대표적인 목회의 장입니다.

저는 4년 전 이사를 와 일곱 부부로 새로 편성된 지금의 사랑방을 맡아 저희 부부가 사랑방장으로 섬기기 시작했습니다. 저희의 다음 세대로 40대 다섯 부부와 그들의 자녀들, 곧 3세대 10명이었습니다.

처음 만나서는 얼마 동안 교회의 교재 사용은 놔두고 대신 각자 지금까지 살아온 과정과 지금 겪고 있는 어려움들을 나누고, 앞에 있는 꿈들을 나누며 서로를 깊이 이해하고 자신을 내어놓을 수 있는 관계로 발전하는 데 주력했습니다.

이렇게 시작한 사랑방은 4년 동안 꾸준히 성숙하여 지난 가을학기 마지막 모임에서 하나님의 영광을 드러내며 하나의 작고 아름다운 교회의 모습을 이루어 온 것을 모두가 발견하며 놀라기도 하였습니다. 우리는 교회와 성도 각자를 향한 하나님의 목적에 맞추어 우리 삶을 사랑방을 통해 이렇게 실현하였습니다.

사랑방 예배(worship)

형식을 갖춘 사랑방 예배 시간뿐 아니라 삶의 모든 영역에서 하

나님을 사랑방 식구의 첫 번째 자리에 주인으로 모셨습니다. 사
랑방에서 나누는 모든 대화의 바탕에는 이것이 자리하고 있어서
모임이 끝나고 집에 가서도 받은 은혜를 오래 간직하고 다음 모
임을 기다리게 하였습니다.

사랑방 교제(fellowship)

모여서 처음 30분은 여자 남자로 나뉘어 개인과 가정과 직장 일
을 나누었습니다. 젊은이들의 공동 관심사들도 다루고 1세대인
저의 경험과 교훈들도 나누면 모두가 귀 기울여 듣고 세상에 나
가서도 용기를 얻고 그렇게 살고 싶다고 다짐하였습니다. 아내
들은 때로 주중에도 별도로 만나 교제를 나누었습니다. 저희 집
은 겨울에 김장을 조금만 해도 될 정도로 젊은 엄마들이 핑계만
있으면 무엇인가 들고 와서 사랑을 나누었습니다. 저희 부부가
베푼 것보다 더 큰 사랑을 받았습니다.

성화와 성장(discipleship)

다섯 부부는 성화와 성장의 단계가 조금씩 달랐지만, 그러나 한
결같이 영적 성장을 누리고 있습니다. 처음 시작할 때에 사랑방
장으로서는 어떻게 하든 다음에 빠지지 않게 마음을 사려고 노력
했습니다. 4년이 지난 11월, 특별새벽기도 기간을 앞두고 저희는
직장에 다니는 남편들에게 부담이 될까 하여 꼭 나오도록 강권하

지는 않았습니다. 그러나 서로가 놀라는 일이 생겼습니다. 새벽 기도가 끝나고 복도에 나가니 모두가 둘러서서 서로 기뻐하고 있었습니다. 이 모습은 기도회가 끝나는 날 새벽까지 이어졌습니다.

그중 한 남편은 작은 병원의 경영자로 법적 분쟁의 어려움을 사랑방의 기도, 격려, 전문적 상담으로 극복하며 믿음이 더욱 강화되어가고 있습니다.

또 부부가 함께 작은 기업을 경영하는 남편은 지난 몇 해를 지나며 내면의 변화가 아름답게 일어나고 있습니다. 세상 보는 눈이 완연히 달라져서 거리의 나뭇잎, 작은 들꽃 하나만 봐도 감격한다고 합니다. 그의 크리스천 얼굴에서 넘쳐흐르는 조건 없는 감사와 기쁨을 목도합니다.

또 한 남편은 외국에서 국내 대기업에 초빙받아 근무 중인데 이제 다시 진로를 고민해야 할 때가 되어 방장과 식구들과 깊은 상의를 하였습니다. 보통이면 내놓을 수 없는 민감하고 비밀스런 이야기들도 들어있기 때문입니다. 식구들은 마치 친형제를 좋은 직장에 취업시키는 것처럼, 아니면 식구를 이민 보내야 하는 형제자매들처럼 들어주고 영적 차원에서, 아이들 교육 차원에서, 그곳에 간다면 정착할 교회를 알아보기까지 서로 깊이 생각을 해주고 있었습니다.

한 직장인 부부는 사랑방에 나오면서 구원을 얻어 거듭나는 아름다운 모습을 보여주었습니다. 지난 마지막 모임에서 이 남편은 10분이 넘도록 눈물을 흘리며 고백했습니다. "나는 사랑방에 나올 사람이 아니었는데 어느덧 빠지지 않고 모이는 날을 기다리게 되었습니다. 그동안 여러분은 눈치채지 못하셨겠지만 나는 모일 때마다 장로님 옆에 앉으려고 했어요, 지금처럼요. 가까이 하면 그만큼 하나님 사랑하고 사람 사랑하는 것을 닮아갈 수 있을까 해서였습니다. 지난 새벽기도회 첫날 목사님의 말씀인 '하나님과 화해하는 삶'을 듣고 저는 마음을 다 내려놓고 완전히 하나님과 하나가 되었어요. 회사에서 모든 사원 앞에서 선언하였던 엄청난 도전 목표가 있는데 내년에 그것을 반드시 달성하고 나서 '이 모든 것 하나님이 하셨어요'라고 모두 앞에서 선언하겠어요." 이렇게 사랑방 식구들 앞에서 다짐하는 그는 40세가 넘어 하나님을 처음으로 자기 입으로 시인할 때 안에서 솟아오르는 감격과 기쁨을 누르지 못해 말하는 내내 눈물을 흘렸습니다. 사랑방 식구 모두도 눈물을 훔치며 주 안에서 아름답게 거듭나고 있는 그를 축복하였습니다.

섬김(ministry)과 전도(mission)

아내들은 아이들의 친구들과 친구들의 엄마들을 전도하여 교회로 인도하였습니다. 대부분 부부가 교회에서 사역을 처음으로 맡아가며 기쁨으로 감당하고 있습니다. 영어예배와 어린이부에

서 부감으로, 앞에 나와 율동하는 선생님으로 섬기고, 의료 사역
으로 섬깁니다. 성장하는 믿음은 여러 모습으로 나타났습니다.

저희 부부는 사랑방장으로 섬길 때 과거부터 몸에 익힌 PACE를
사용하여 큰 유익을 얻었습니다. 식구들을 위해 기도하고, 시간
을 사용하고, 여러 가지 모양으로 연락하고 만나고, 믿음과 신앙
생활의 본이 되는 삶을 사는 것입니다. 이것은 우리 교회의 중직
자들에게 대부분 익숙한 훈련이기도 합니다. 제가 이러한 사례
를 가지고 새소명반 제자훈련의 한 부분으로〈돌봄사역의 실제〉
를 공유하는 것도 훈련받는 분들과 저 모두에게 큰 유익이 되어
왔습니다.

여기에 이르기까지 저희 사랑방은 시작 3년째에 젊은 세대 부부
에게 사랑방장 역할을 물려주고 저희 부부는 가까이서 섬기고 있
습니다. 아무리 헤어지기 어렵도록 가까운 가족이 되었다 하더
라도 교회에는 이와 같은 구원과 성장과 섬김을 경험해야 하는
수많은 젊은 가정들이 기다리고 있기 때문에 언젠가는 새로운 사
랑방을 섬겨야 한다는 마음의 준비를 하고 있습니다.

큰 교회 안에 있는 작은 교회인 사랑방을 섬기는 것은 우리 모
두의 책임이요 특권입니다. 지금 교회 사랑방 사역의 만족도를

20~30% 정도로 여긴다면 앞으로 80% 수준으로 올리는 꿈을 다 함께 꾸기를 원합니다.

2. 각자가 자기 소명과 은사를 가지고 감당하는 사역들

교회의 지도자에게는 모두가 목양과 사랑방을 섬기는 책임이 있다고 하였습니다. 이에 더하여 모든 그리스도인은 각자가 달리 받은 소명이 있습니다. 하나님은 우리 모두에게 각각 다른 영적 은사를 주셨습니다. 또한 누구에게나 특별히 마음이 가는 곳이 있습니다. 타고난 재능도 다 다릅니다. 기질과 스타일도 다릅니다. 또한 살아온 경험이 다 다릅니다. 이렇게 각자가 가진 강점을 사용해 섬길 수 있는 일을 찾아서 하는 것이 자신과 교회에 유익하고, 이것이 하나님의 섭리입니다.

저의 마음(heart)이 가 있는 곳은 가정입니다. 그래서 변혁 포럼과 4/14 윈도우 포럼과 세미나와 방송 프로그램에서 가정을 세우는 주제로 섬겨왔습니다. 최근의 한 포럼에서는 가정에서 부모가 다음 세대 신앙을 바로 세우는 첫 번째 책임자라는 엄연한 사실을 앞에 놓고 가정과 교회학교의 달라져야 하는 역할을 다루고 있습니다.

저의 직업으로서의 경험(experience)은 비즈니스입니다. 특히 성경적 원리를 바탕으로 하여 사회를 유익하게 하는 경영 이론과 모델과 사례들은 반드시 나누어야 할 가치가 있으므로 이것은 저의 소명이 될 것입니다. 가정 사역과 마찬가지로 비즈니스에서도 변혁 포럼과 변혁 스쿨의 한 영역으로 논제와 강의를 하였고, 학교와 기업과 타 교회와 방송에서 공유하고 있습니다.

또 제가 할 수 있는 일의 하나는 〈오늘의양식 Our Daily Bread〉 소책자의 번역입니다. 최근에는 신앙성장시리즈 《로마서로 알게 되는 하나님》 소책자의 번역을 교열하였습니다. 김상복 목사님께서 방송으로 오늘의 양식을 내보낼 때 번역문의 어색한 점을 최소화하여 마치 처음부터 한글로 쓰인 것처럼 좋은 번역을 하여 독자들에게 읽히게 하는 것이 저의 목표입니다. 가정과 비즈니스 영역의 사역과 더불어, 1991년부터 오늘의 양식에서 섬겨온 번역 출판의 일은 제 능력이 이어지는 날까지 계속할 수 있을 것입니다.

장로 은퇴는 저에게 새로운 자유와 기회를 주는 것 같습니다. 이와 같이 정리해 드리는 목양장로의 사역 보고가 목사님과 당회와 교회에 작은 도움이 되기를 바라 마지않습니다. 감사와 영광을 하나님께 드립니다. - 이덕진

은사와 경험을 사용해 섬기기

나는 목양장로 사역의 한 부분으로 보고서에 밝힌 것처럼 매일의 묵상을 위한 영문 소책자 〈오늘의 양식, Our Daily Bread〉의 우리말 출판을 위한 번역과 교정사역에 참여해왔다. 1950년 미국 ODB Ministries에서 세계 최초의 매일의 묵상 소책자로 시작되었다. 1980년부터는 한글판으로도 번역 발행되어 성도들이 매일의 삶에 필요한 다른 주제 하나를 가지고 성경의 요절, 예화, 말씀의 뒷받침, 간직할 교훈, 질문, 기도, 찬송을 한 페이지에 담아 제공한다. 한 주일에 한 번 예배에 참석하여 하나님의 말씀을 듣는 것이 전부일 수 있는 많은 성도에게 〈오늘의 양식〉은 매일, 스스로, 말씀을 찾아 읽고 듣고 묵상하고 자신의 삶에 적용해 볼 수 있는 귀중한 문서다. 영어 원서는 영성이 깊고 다양한 배경을 가진 필진이 쓰고 영문학 전문인들이 편집함으로 한국인 독자들에게는 영어를 익히는 데에도 매우 적절한 자료가 될 수 있다.

나는 지금까지 여러 해 우리 성도를 위해 영의 양식을 만드는 일에 동참해 오며 나 자신이 성장할 수 있었다. 지난해에는 〈오늘의 양식〉 사역을 섬기는 분들과 애독자 그룹을 대표하는 분들이 '〈오늘의 양식〉 감사의 날'로 모여 서로 격려하는 시간을 나누었다. 나도 그날 사역자의 한 사람으로 짧은 간증을 하였다. 그날 나누었던 글이 독자들에게 〈오늘의 양식〉을 좀 더 잘 설명해 드릴 것 같다.

오늘의 양식 감사의 날에,

1991년 어느 주일 예배 날이었습니다. 김상복 목사님께서 모든 성도에겐 각자의 영적 은사가 있고 자기만의 달란트와 경험들이 있는데, 이것들을 다 꺼내서 사용해야만 자신도 보람을 얻을 수 있고 교회도 필요한 여러 가지 사역을 맘껏 펴나갈 수 있다고 하시면서, 교회의 사역들을 잘 정리한 팸플릿을 나누어 주셨습니다. 각자 잘 생각해 보고 섬길 분야를 선택해 내어놓으라고 하셨습니다. 저는 사역들을 쭉 살펴보다가 〈오늘의 양식〉이 저한테 맞는다는 느낌이 확 와서 그만 그것을 선택하고 말았습니다. 그 때까지 이 소책자를 읽으면서 참 유익하긴 한데 번역의 퀄리티 (quality)에선 좀 기여할 부분이 있지 않을까 하는 생각도 들었습니다. 이 간증을 준비하며 정리하다 보니 그날이 바로 제가 30년이 넘도록 목사님의 평신도목회에 합류하여 동역한 첫날이 된 셈이었습니다.

목사님은 3S 신앙으로 목회를 하셨습니다. '구원과 성화와 섬김'입니다. 그 가운데 있는 성화는 우리가 평생을 살며 그리스도의 성품을 닮아가는 것인데, 〈오늘의 양식〉은 바로 그 부분을 돕는 데 매우 필요한 자원입니다. 매일 영의 양식을 먹고, 영을 깨끗케 하는 샤워를 하는 것입니다. 실제로 목사님은 미국에서부터 〈오늘의 양식〉을 번역하고 인쇄하여 매 주일 나누어 주시며 이것이 우리 영혼에 매일 한 알씩 필요한 종합비타민 'One-A-Day Vitamin'이라고 하셨다 합니다.

〈오늘의 양식〉의 주제는 매일 다르지만 거기에는 한결같이 인간에게 필요한 요소들이 들어있습니다. 이번 주 화요일 아침에는 열어보니까 '우리의 형제 예수님'이란 제목이었습니다. 제가 몇 달 전 번역 교정을 보며 가슴이 뛰었던 글이었습니다. 여섯 살 된 오빠가 자기 여동생에게 사납게 달려드는 개를 보는 순간 몸을 날려 그 위험을 막아냈다는 이야기입니다. 개에게 심하게 물린 오빠가 응급실에 실려 가 90바늘이나 꿰매고 나서 어떻게 그랬냐고 물으니까 이렇게 말했다고 합니다. "만약 누구 하나가 죽어야 한다면 내가 죽어야 한다고 생각했어요." 그날 〈오늘의 양식〉은 형제의 사랑 이야기를 예화로 해서 역시 성경 말씀으로 이어지면서 예수님이 우리의 형제로 오셔서 대신 목숨을 내어놓으시고 우리를 죽음에서 구하신 이야기로 이어집니다.

이렇게 〈오늘의 양식〉은 언제나 우리의 처절한 형편뿐 아니라, 부끄러운 지난날, 억울한 사정, 고독과 절망, 근심 걱정의 이야기와 같이 우리 삶의 이야기에서 시작하여 성경 말씀으로 이어가면서 예수님, 곧 하나님의 사랑과 권능과 지혜를 만나게 해줍니다. 오늘의 양식의 필진은 처음에 Richard DeHaan으로 시작해 신앙의 경험과 성경적 지식이 깊은 분들로 이어져 왔습니다. 저도 우리말 번역 작업을 오래 하다 보니 그중에 몇몇 분은 스타일과 내용이 그분 자신만의 것이 있어서 좀 읽다 보면 '아 이분 글이구나' 하고 알 수 있었습니다. 오래전 Joanie Yoder라는 분은 하나님의 조용한 임재를 사모하고 감사하는 삶을 배워가는 글을 써서 제가 참 좋아했는데, 안타깝게 이른 나이에 주님 앞으로 갔습니다. 또 Xochitl Dixon은 50대의 아내요 엄마이고 청소년 상담자로 자신의 어두웠던 젊은 시절의 상처들과 구원의 경험을 통해 같은 처지에 놓인 수많은 이에게 희망을 주고 육신을 입고 사는 동안 궁극적으로 온전할 수 없는 우리 모두에게 구원자 하나님을 제시합니다. Dave Branon은 딸 Melissa가 17살 고등학교 2학년 때 교통사고로 부모 품을 떠났는데, 20년이 지난 지금까지 자신의 삶을 깊이 있게 나누고 있습니다. 이분은 딸을 잃은 아버지의 아픔을 참고 견뎌야 했던 시간들과 아픔을 아름다운 추억과 감사로 바꾸어 나가는 과정과, 궁극적으로는 다시 만나 영원히 함께 사는 소망을 이야기합니다.

발행인 김상복 목사님은 참다운 영성이 무엇인지를 매우 쉽고 정확하게 가르쳐주셨습니다. 그것은 곧 하나님을 깊이 알아가고, 임재하시는 그분과의 인격적 사랑을 더해가고, 그분을 매일 매일 더 닮아가는 것이라 하셨습니다. 그렇게 살다가 이 세상을 떠나는 그날이 가장 성화된 모습이 되어서 마침내 예수님 얼굴을 뵙고 영원히 함께 사는 것이라 하셨습니다. 저는 이 부분을 이렇게 생각해 왔습니다. '아 그렇다면 못된 성품을 가지고 천국에 가서 영원히 산다면 정말 큰 일이구나!' 우리는 이 성화의 과정을 알게 모르게 〈오늘의 양식〉을 통해 이루어가고 있습니다. 죄가 싫어지고 추한 것이 싫어지고, 예수님의 선하심과 아름다우심과 진실하심을 점점 더 사모하게 되고 우리 자신이 그쪽으로 가고 있는 것입니다.

그러고 보면 섬기는 자가 가장 유익을 얻는다는 말씀이 맞습니다. 성화와 섬김은 항상 함께 가는 수레바퀴였습니다. 〈오늘의 양식〉으로 섬기는 분들은 누구보다 자신이 유익을 얻는다고 말할 수 있습니다. 남을 돕는 것이 자신을 돕는 일입니다. 부디 우리 모두 오래도록 섬기며 유익을 얻길 바랍니다.

(간증 이덕진)

사회와 교회 연결하기

평신도목회는 돌봄 사역과 문서 사역 외에도 성도들에게 많은 유익한 사역의 기회를 열어놓는다. 성도들이 누구나 가르치고 배우고 실천할 수 있다. 나는 전문 목회자들과 함께 〈목적이 이끄는 삶〉과 〈성공하는 사람들의 7가지 습관〉 워크숍을 여러 학기에 걸쳐 교회에서 진행하며 성도들의 성장 프로그램의 한 부분을 도왔다. 둘 다 사회와 교회에서 널리 알려진 책이고 훈련 프로그램이다.

〈목적이 이끄는 삶〉은 일터에서 신우회 후배 형제들과 자유로운 점심시간을 이용해 나의 사무 공간에서 둘러앉아 나누었던 터라 매우 익숙했다. 이 책을 여러 번 정독하였고 요약본도 만들어 이야기를 나누었고 저자 릭 워렌 (Rick Warren)이 자신의 책을 직접 낭독한 CD를 몇 번씩 들었다. 이 시간에 나는 한 성도가, 아니 사람이면 누구나 왜 이 세상에 왔는지 하는 근본적 질문에 대한 답으로 5가지 목적을 수많은 성경 구절과 함께 자세히 배울 수 있었다. 그것은 하나님을 기뻐하고 기쁘게 해드리기 위해서, 성도의 교제의 삶을 위해서, 예수님 성품을 끝까지 닮아가기 위해서, 사랑으로 이웃을 섬기기 위해서, 그리고 복음을 전하기 위해서였다. 예배, 교제, 성화, 섬김, 전도의 삶이다.

〈성공하는 사람들의 7가지 습관〉은 교회에서 나누기 전, 나의 일터에서 전 사원에게 사흘간의 사내 워크숍에 참여할 기회를 상시 프로그램으로 제공하기도 했었다. 이 책은 처음 출간된 1990년 초에 내가 읽고서 회사에 어떻게든 도입할 길을 모색하던 중 국내에 공식 세미나가 도입되어 참여하였고, 나중엔 회사의 대표께 상의드려 회사에 도입하기로 하여 나부터 먼저 이 프로그램을 진행할 수 있는 자격을 얻고서 다시 사내 강사들을 훈련하여 진행했던 프로그램이었다.

일터의 업무에 묶이어 자신의 삶과 남들과의 관계에 대해 진지하게 돌아볼 여유가 없는 우리 직장인에게 기본적인 성찰의 시간을 마련하였었다. 이것은 회사의 기업 문화가 한 차원 크게 달라지는 계기가 되기도 했고, 교회에서도 성경적 원리에 맞추어 워크숍을 진행할 때 그 효과는 더욱 컸다.

평신도 목회자는 사람들을 섬기고 세워주는 가운데 모두에게 유익을 줄 수 있다. 그리고 교회 전체가 늘 배우고 자라가며 서로가 친밀하고 신뢰를 더해가는 건강한 문화를 뿌리내리게 한다.

3절 내가 만난 두 분의 목회자

나는 할렐루야교회의 한 지체가 된 후 첫 20년을 김상복 담임 목사님과, 그리고 이후 지금까지 13년이 넘도록 김승욱 담임 목사님의 가르침과 목회적 돌봄을 받으며 한 교회의 성도와 지체로 살고 있다. 나는 두 분 목사님을 사랑하고 존경한다. 세상에 '완벽한 목회자'는 예수님 한 분뿐이다. 그러나 그 예수님을 사모하고 그의 말씀을 가르치는 일생을 살면서 그의 품성까지도 본받아 깊이 닮아가는 목회자는 사실상 드물고 귀하다. 나는 지난해 한 모임에서 목사님에 대해 글로 쓴 것을 많은 성도들과 나누고 싶다.

⟨내가 만난 김상복 목사님⟩

나는 예수님을 영접하고 거듭나고서 몇 해가 지나 할렐루야교회에서 김상복 목사님을 만났습니다. 그 후 30년이 넘도록 목사님은 나에게 구원의 확신을 늘 새롭게 해주셨고, 내면의 성장과 풍요를 이루어가게 하셨고, 세상을 섬기며 살도록 도와주셨습니다. 가르친 것을 삶으로 보여주시는 목사님의 모습에서 나도 언제나 그렇게 살고 싶었습니다. 목사님은 나에게 선생님과 멘토와 모델이었고, 내가 기댈 수 있는 격려자였습니다.

목사님은 부드러운 온유함 속에 세상이 이길 수 없는 강함을 지니셨습니다. 해방 전 어린 시절 평양에서 우리나라 교회의 역사에 길이 남을 주기철 목사님의 산정현교회에서, 그리고 믿음의 어머니 밑에서 일편단심 하나님 한 분을 섬기는 믿음을 키우셨습니다. 초등학교 조회 시간에 일본 신사가 있는 동쪽을 향해 모두 고개를 숙여야 했던 순간에 단 두 아이가 고개를 숙이지 않았습니다. 김상복 어린이와 그의 누이였습니다. 그리고 한번은 주일날 학교 행사를 빠지고 대신 주일성수를 했다는 이유로 선생님에게 심한 매질을 받고 어두워서야 겨우 기어서 집에 돌아오던 밤, 아들을 기다리던 어머니는 그날의 이야기를 다 듣고 나서 "넌 내 아들이야" 하시며 위로 대신에 빨간 사과 하나를 상으로 주셨습니다. 그러시면서 어린 아들에게 평생 교훈이 된 예수님의 말씀을 이때 들려주셨습니다.

"몸은 죽여도 영혼은 능히 죽이지 못하는 자들을 두려워하지 말고 오직 몸과 영혼을 능히 멸하실 수 있는 이를 두려워하라"(마 10:28).

이후 전쟁이 시작되어 부모를 떠나 남쪽으로 내려와 겪어야 했던 결핍과 아픔의 시절을 기도 하나로 이겨나가야 했던 김상복 소년에게 하나님은 늘 함께하셨고 일사각오의 곧은 믿음 위에 온유와 겸손의 옷을 덧입혀 주셨습니다. 그는 예수님이 자신을 설명하셨던 '온유(meekness)'의 사람이었습니다. 그것은 내면의 강함이 외면에 부드러움으로 나타나는 것을 말합니다.

목사님은 세계와 나라를 비전으로 품고 사셨습니다. 남북으로 갈라진 우리나라를 위해 기도하고 통일을 위해 할 수 있는 모든 노력을 기울였습니다. 북에 두고 온 사랑하는 부모님과 동생들을 위해 하루도 빠짐없이 기도하였습니다. 대한민국이 '경제대국, 선교대국' 이 두 가지를 함께 이루기를 위해 기도하였습니다. 그리고 평화통일을 위해서는 먼저 남쪽의 우리부터 평화가 있어야 한다고 하시며, 갈라진 정치와 사회와 세대와 교회까지 하나로 통일되어야 한다고 강조하셨습니다. 내 안에 없는 평화와 용서를 남에게 줄 수도, 바랄 수도 없다고 가르치셨습니다.

목사님은 그리스도인의 삶을 "하나님을 사랑하고 사람을 사랑하는 것"이라고 하셨고, 때로는 사역자들 사이에 의견이 맞지 않아 어려움을 겪을 때에는 "여러분, 교회에는 사람을 미워하면서까지 해야 할 일은 없습니다"라고 하시며 일보다 사람 사랑이 먼저임을 잊지 말라고 하셨습니다. 또 목사님은 나에게 종교 생활이 아니라 행복한 그리스도인의 삶을 보여주고 가르치셨습니다. 교회와 직업보다 가정이 먼저라고 하셨습니다. 그래서 나는 아내와 두 아이를 그렇게 사랑하였습니다. 목사님이 당부하신 대로 사도신경과 주기도문과 십계명을 아이들과 그들의 아이들에게 가르치고 있습니다.

목사님은 사람들을 세우셨습니다. 예수님이 보여주신 본을 목사님이 다시 보여주셨습니다. 그리고 평신도를 가르치고 역할을 맡기어 그들이 다시 성도를 돌보는 목회적 사역을 자원하여 하게 하셨습니다. 그것은 서로를 위해 기도하고, 시간을 내고, 늘 만남을 이어가며, 믿음의 본이 되는 삶을 사는 것입니다. 나는 목양장로로 섬기는 동안, 그리고 은퇴 후 지금에 이르기까지 하나님이 나에게 은혜로 허락하신 영적 은사와 지식과 경험을 가지고 사람들을 섬길 수 있었습니다. 목사님은 어느 날 나의 일터를 방문하여 내가 섬기는 기업과 교회 사역에 대해 깊은 대화를 나누시고는 이렇게 스스로 배우고, 가르치고, 가르친 대로 사는 것이 바로 사도 바울이 아들 같은 제자 디모데에게 가르친 목회적 삶(딤전 4:16)이라고 하시며 격려해 주셨습니다. 목사님은 이렇게 평신도 목회자의 하나로 나를 세워주셨습니다.

목사님은 리더들을 세우셨습니다. 평신도목회를 통해 수많은 리더를 가르치고 세워 그들이 서로를 섬기도록 하셨던 목사님은 마침내 담임목사의 임기를 마치시기 전 후임 목사님을 청빙하는 과정에서 하나의 열린 기준을 제시하셨습니다. "우리 교회의 주인이시고 우리를 사랑하시는 하나님은 우리 교회에 가장 알맞은 후임 목사님을 이미 준비하셨습니다. 여러분이 그분을 찾아내 주십시오." 이것이 내가 참여했던 청빙위원회에 당부하신 말씀의 전부였습니다. 이어지는 모든 과정에서 목사님은 오직 기도로 일관하셨습니다.

마침내 교회가 한마음으로 기도하고 기대하며 기다리던 김승욱 목사님이 새로 부임하시는 날, 목사님은 온 교회 성도들에게 이렇게 후임 목사님을 소개했습니다. "이분이 여러분의 새로운 목사님입니다. 그리고 저의 담임 목사님입니다." 얼마 후 미디어와의 대담 시간에 목사님은 후임 목사님을 가리키시며 "이분은 이제부터 흥하여야 하겠고 나는 쇠하여야 하겠습니다"라고 하셨습니다. 그리고 목사님은 원로목사가 되시면서 "담임 목사님이 나에게 도움을 청하실 때에만, 힘이 닿는 만큼 도와드릴 것입니다"라고 하셨습니다. 그리고 원로목사님으로 참으로 드물게 강단에 서는 때면 지금의 담임 목사님이 "여러분에게 꼭 맞는 좋은 목사님"임을 재확인해 주시며 변함없는 신뢰와 감사로 세우십니다.

목사님은 삶의 중요한 원리 중에 어려운 것도 쉽게 가르치셨습니다. 성경의 말씀은 하나님의 진리이고 정밀과학과도 같이 정확하여 세상의 일들이 거스를 수 없다고 하였습니다. 모세오경을 가르치실 때에도 "인생은 해석이고 행복은 선택이다"라는 말씀으로,

우리 앞에 놓인 행복과 불행 가운데 늘 하나님 말씀을 기억하고 행복을 선택하라고 격려하셨습니다. 목사님은 성경에서 언급한 분명한 죄를 빼놓고는, 그리고 모두에게 덕이 되지 않는 일만 빼놓고는 우리 스스로가 많은 제약을 만들지 말자고 하셨습니다. "진리가 너희를 자유케 한다"고 하셨는데, 때로는 우리가 만든 조직과 규칙이 '하나님보다 더 엄격하게' 군림하는 성향을 애써 피하고 새로운 가능성들을 분별력과 자유로움을 가지고 추구하게 하셨습니다.

목사님은 오래 참는 모습을 모두에게 보여주셨습니다. 오랜 목회 기간에 여러 사역이나 사람들이 원인이 되는 난관이 있을 때마다 오래 참으셨습니다. "사랑은 오래 참고"를 실천하셨습니다. 목사님은 "오래 참고"의 한 영문 번역 "love bears"를 설명하시며 "그냥 참아내는 것"이 아니라 "끌어안는 것, 있는 그대로 포용하는 것"이라고 하셨습니다. 그때마다 나는 성도들과 함께 마음속으로 함께 아파하며 함께 참으며 목사님을 위해 기도하였습니다. 그것을 지날 때마다 교회와 내가 성숙해지기도 했습니다. 목사님은 이렇게 가르치셨습니다. "여러분, 참다 참다 못 참겠을 때엔 어떻게 해야 할까요? 그때엔 참으면 됩니다."

목사님은 하나님의 창조물을 보고 듣고 음미하는 시간이면 그분의 하나님 되심과 아름다우심과 놀라우심을 우리와 감격하며 나누었습니다. 음악을 만드신 하나님, 그림과 조각과 모든 예술품의 창조자이신 하나님, 그분이 모든 진, 선, 미의 근원이시며 그 자체이

시라고 하였습니다. 그중에서도 인간은 하나님의 DNA, 곧 성품을 직접 물려받아 창조된 존재이므로 다른 어느 피조물보다 무한한 가치를 존중받아야 한다고 하였습니다. 나도 이와 같은 시각으로 세상 만물을 바라보게 되었을 때, 나의 세상은 참으로 넓어지고 밝아지고 행복한 삶, 살아볼 만한 인생이 되었습니다.

목사님은 자연스런 한 개인으로 성도를 대하셨습니다. 성도를 위해 늘 기도하시기 때문에 만나면 반갑게 따뜻한 손을 마주 잡고 미소로 눈을 맞추며 격려의 이야기를 나눕니다. 마침 내가 속한 사랑방의 구역에 사시는 목사님은 정규 방원은 아니시지만 일 년에 한 번은 식구들이 정성껏 음식을 준비하여 같은 구역에 사시는 '우리 교회 성도님'이라는 명분을 붙여 목사님 내외분을 초청합니다. 이날 사랑방은 모두가 행복과 흥분이 넘치는 시간이 됩니다. 식구들 하나하나에 관심을 갖고 사정을 듣고 함께 기뻐하고 격려해 주십니다. 이윽고 그날의 예배와 공부 순서가 되어 목사님께 인도를 부탁드리면, "나는 큰 집회만 인도해 봐서 사랑방 인도는 잘 못하니 여러분 좋은 대로 하는 게 좋겠어요." 하신다. 우리는 모두가 바라던 대로 완전 자유 포맷으로 바꾸어 목사님과 모든 궁금한 인생의 이야기들을 꺼내놓고 밤늦도록 이야기꽃을 피우곤 합니다. 이 시간 목사님은 유머가 통하는 우리의 선배님, 아버님, 한 마을 어르신으로 바뀝니다. 우리와 같은 한 사람이었습니다. 목사님은 신학대학 총장이요, 아시아와 세계 복음주의연맹의 리더요, 수많은 사역을 이끈 목회자이기 전에 한 사람의 참 아름다운 그리스도인이었습니다.

목사님은 성도의 일생에서 예수님 모습에 가장 가까운 때는 계속 성화를 하다가 이 세상을 떠나는 그날이라고 하셨습니다. 또한 마지막 작별하는 순간에는 사도신경으로 일생의 신앙을 정리하여 고백하고 슬픔과 아픔이 있는 이 육신을 벗어나 마침내 하나님 품에 안기고 싶다고 하셨습니다. 그리고 육신을 입고 사는 남은 기간을 끝까지 믿음을 지키고, 강건하며, 은혜 가운데 마치고 싶다고, "Finish well, finish strong, finish graceful" 하셨습니다. 인생의 후반을 사는 나에게, 그리고 성도 모두에게 주는 당부일 것입니다.

돌아보면 목사님은 오래전 미국에서 교수와 목회자로 잘 섬기시다 우리 할렐루야교회 담임목사님으로 청빙받으시고는 참으로 어려운 결정 과정을 거쳐 부임하셨습니다. 목사님은 하나님께서 한국에 가라는 음성은 주셨지만 무슨 사명으로 가는 것인지는 목회를 하시면서 차츰 확신을 주셨다고 하였습니다. 여기서 나 개인에게는 이런 기도가 늘 있었습니다. "하나님, 나와 나의 집을 위해 김상복 목사님을 머나먼 미국에서 지명해 불러 보내주신 것을 제가 감당하지 못하겠습니다. 그러나 말로 다 못 할 감사를 올려드립니다. 목사님과 사모님과 세 자녀를 끝까지 축복하고 지켜주시옵소서."

이렇게 정리하는 동안 "내가 만난 김상복 목사님"이 누구인지 다시 한번 확실해졌습니다. 나는 목사님의 가르침으로 하나님과 사람을 사랑하게 되었고, 삶 속에서 성장과 성화를 이루어갈 수 있었고, 하늘의 지혜와 현실의 지혜를 함께 배워 나갈 수 있었습니다. 참으로 내가 만난 목사님은 나의 담임 목사님이요, 원로 목사님이요, 하나님의 사람이었습니다. 내가 살면서 목사님의 성품과 하나님 사랑과 사람 사랑을 절반만이라도 닮아갈 수 있다면 나는 참으로 행복한 그리스도인일 것입니다. 수많은 사람의 인생을 바꾸어 놓은 목사님의 목자로서의 리더십과 열매들은 그분의 영원한 면류관이요, 그분을 보내신 하나님의 영광이 될 것입니다. 아멘. 감사합니다. -이덕진

〈내가 만난 김승욱 목사님〉

원로목사가 되신 김상복 목사님은 할렐루야교회 43주년을 맞아 교회신문 특별기획으로 나누는 글에서 교회가 장년이 되기까지 인도하시고 축복해주신 하나님께 감사와 찬양을 드리는 가운데 김승욱 담임목사님의 10여 년 목회사역을 이렇게 돌아보셨다.

김상복 목사 은퇴 후 제3기 사역에는 10살에 미국에 부모와 함께 이민 갔던 김승욱 목사님이 미국에서 성장하다가 하나님의 소명을 받고 정통복음주의 신학교에서 목회학 석사와 구약학 석사를 마치고, 뉴욕 퀸스장로교회, 캘리포니아 데이비스 한인교회, 필

라델피아 한인연합교회, 다시 캘리포니아 사랑의교회 등 여러 한인교회에서 훌륭하게 사역을 하고 계셨다. 김상복 목사 은퇴 2년 전부터 후임자 선정에 들어간 청빙위원회는 700명의 국내외 목회자 후보들 가운데 최종 세 명에서 김승욱 목사가 만장일치로 선택되어 할렐루야교회 3대 담임목사로 부임하게 되었다.

신학과 신앙과 목회관이 확실한 김 목사님은 미국 한인교회들에서 풍부한 목회 경험을 하셨고, 한국에 돌아와 지역사회와 민족과 세계를 섬길 수 있는 은사와 능력과 경험과 무엇보다도 성숙한 인품을 가진 가장 적합한 목회자로 할렐루야교회와 세계를 향해 발돋움하고 있는 한국으로 하나님께서 보내주셨다. 벌써 13년이 지난 오늘에 이르기까지 체계적인 말씀 선포와 균형 잡힌 영적 지도력으로 모범적 목회 사역을 이어가고 계신다.

드러내지 않고 조용한 가운데서도 교회의 모든 부분과 사역이 상승적 진전이 일어나면서 한국과 세계교회의 많은 목회자들로부터 존경을 받고 있다. 또한 성도들의 변화와 성숙을 이끌어가고 특히 교회의 사회적 책임을 잘 감당하시며 선한 유익을 일으켜 좋은 열매를 맺고 있다. 미국의 교육과 목회적 경험을 통해 쌓아온 국제적 능력으로 세계변혁운동(Transform World)의 대표로 10여 년간 전세계 교회를 섬기며 할렐루야교회와 한국 교회에 국제적 공헌을 하셨다. 김승욱 목사님과 같은 분을 할렐루야교회에 세워주신 하나님께 감사와 영광을 올려드린다.

한국 교회에서 가장 확실한 신앙과 신학과 목회관으로 모범적인 사역을 하고 계시는 김승욱 목사님과 함께 할렐루야교회는 교회와 지역사회, 한국과 민족, 그리고 열방에서 예수님을 드높이며 주님이 기뻐하시는 복음 사역을 3세대가 함께 섬겨나갈 것이다.

이렇게 김승욱 목사님에 대한 글을 전해주시는 김상복 목사님은 성도들과의 만남에서도 적절한 순간에 김승욱 목사님을 "내가 제일 좋아하는 목사님, 언제나 듣고 싶은 설교"라고 고백하신다. 이런 말씀을 들으며 나는 "네, 맞습니다. 저에게도 그렇습니다." 하며 마음속에 특별한 기쁨이 생긴다. 거기에는 나만의 이유가 또 있다.

김승욱 목사님이 부임하시기 전, 그러니까 우리 교회와는 아무 연고가 없던 당시에 나는 이분의 설교를 우연히 몇 번 듣고 깊은 인상을 받았었다. 극동방송 라디오를 통해 미국 남가주 어느 교회의 목사님이 들려주는 처음 들어보는 목소리는 내 귀에 또렷이 우리말 표준어로 정제된 어휘를 구사하며 수려한 톤으로 들려왔다. 성경적 메시지는 나의 가슴에 쉽고 정확하고 강하게 와 닿았다. 처음 듣는 설교가 나에게 이렇게 단번에 친숙하게 닿아오는 것은 특별한 경험이었다. 나는 "이런 분이 우리 교회에 오실 수만 있다면" 하고 조용히 원하고 기대했었다. 그러다 얼마 후 나는 교회에서 후임 담임목사님을 청빙하기 위해 장로들로 구성된 청빙위원회에 들어가게 되었다.

그리고 긴 과정을 생략하고 결과부터 말하면 바로 그 목사님이 우리 교회에 오셨다. 나는 목사님 부임 후 몇 년 동안은 강단에 서 계시는 목사님을 회중의 한 사람으로 바라볼 때마다 이것이 사실인 것이 믿어지지 않았다. 십 년이 더 지난 지금도 처음 목사님과 나누었던 가벼운 덕담이 문득문득 생각난다. "성도님들이 목사님 오신 것 다들 좋아하고 행복해하는 것 같아요. 목사님과 저는 이런 성도들과의 허니문이 끝까지 변하지 않기를 믿고 다짐하며 시작해야 합니다. 아멘입니다!" 그랬던 나에게는 목사님을 위해 기도해야 하는 책임과 일종의 특권 같은 것이 남아있다. 기도를 하면 목사님을 한 영혼으로 사랑하게 된다. 목회의 무거운 짐의 일부가 나에게도 전해온다. 때론 마음이 아프다. 과연 목회자와 성도는 목회의 동반자요 동역자이다. 목사님이 개인으로, 가장으로, 사역에서 바르게 '성공'하는 것이 교회의 성공이다. 그것이 교회의 머리이신 예수님께 영광을 돌리는 길이다.

김승욱 목사님의 신학적 배경은 2023년에 하나님의 부르심을 받은 팀 켈러 목사님에 대해 교회 신문 〈목자의 마음〉 칼럼에 목사님이 쓰신 글에서 엿볼 수 있다.

저는 신학교 시절 팀 켈러(Timothy J. Keller) 목사님을 통해 설교학을 배웠습니다. 주님의 십자가 복음을 타협 없이 전하면서도 동시에 모든 사람의 마음을 따뜻하게 하는 설교를 하라고 가르침을 받았습니다. 무례한 기독교가 아닌 매력 있는 기독교의 복음을 전하라고 인도함을 받았습니다. 학교를 졸업한 후에는 켈러 목사님의 책과 설교를 통해 지속적으로 영향을 받아왔는데, 이번에 그가 하나님께 부르심을 받는 과정을 지켜보면서 또 한 번 중요한 교훈을 얻게 되었습니다. 그를 통해 하나님의 사람으로서 아름답게 생을 마무리하는 모습을 보았기 때문입니다.

목사님은 팀 켈러 목사님의 일생을, "Life well lived, battle well fought."라고 나에게 요약해 주셨다. 묘비에라도 쓸만한 강력한 메시지이다. 선한 싸움 다 싸우고 의의 면류관을 앞에 둔 한 아름다운 그리스도인의 삶이었다. 내가 김승욱 목사님과 팀 켈러 목사님을 깊이 사랑하고 존경하는 이유가 설명되어 있다.

*****

내가 김상복 목사님, 김승욱 목사님, 두 분을 나의 담임 목사님으로 연이어 만난 것은 말로 다할 수 없는 하나님의 은혜다. 목사님은 하나님 앞에서 교회의 목회 사역을 이끄는 무거운 책임을 한시도 벗어날 수 없다. 하늘의 은총을 매일 받아야만 한다. 동시에 목회의 동역자이며 대상인 우리 성도들도 목회자를 위해 늘 기도하고 사랑과 존경을 표현해야 한다. 히브리서의 저자는 성도들에게 "여러분에게 하나님의 말씀을 가르쳐준 지도자들을 기억하십시오", "여러분을 인도하는 지도자들에게 순종하고 그들의 권위를 존중하십시오. 그들은 여러분의 영혼을 책임진 자들이기에 여러분을 주의해서 살피고 있습니다. 그들이 이 일을 괴로워하지 않고 즐거운 마음으로 할 수 있도록 해주십시오. 그들의 일을 힘들게 하는 것은 여러분에게 아무 도움이 되지 않습니다."(히 13:7, 17 쉬운성경)라고 당부하였다. 이것은 목회자들이 강단에서 가르쳐야 할 말씀이지만, 나와 같이 많은 은혜를 누리고 은퇴하여 교회를 위해 기도해야 하는 성도로서 권면해야 할 말씀이라 할 것이다.

더구나 나 개인에게 두 분 목사님은 하나님이 나를 위해 특별히 보내주신 분들이다. 우리 교회와 한국 교회의 수많은 영혼을 위해 보내주신 것이 맞지만, 나와 내 아내를 사랑하고 우리 둘의 영적 필요에 꼭 맞는 목사님을 하나님이 기어이 지명하여 보내주셨다는 것이 나와 하나님 사이의 간증이다. 나는 가끔 오늘날 한국 교계에서 김상복 원로목사님을 "목사님들의 목사님, 가장 닮고 싶은 목사님"으로, 김승욱 목사님의 설교를 "가장 배울만한 설교, 또 듣고 싶은 설교"로 평을 해주시는 것을 들을 수 있다. 대개의 성도들에게는 늘 듣는 설교 가운데에 간혹 '위대한 설교'로 오래 기억되기 원하는 설교들이 있을 것이다. 나에게는 지난 30여 년간 두 분 목사님의 설교를 들을 때마다 기록에 남겨두어야 할 설교라 여겨진 날들이 수도 없이 많았다. 한 번도 '지루하다. 다음에 이렇게 전개될 것 같다' 한 적이 없다. 아니 한 번도 감동되고 영적 에너지를 받아 새로워지지 않은 날이 없었다. 하나님 진리의 말씀은 한결같고 변함이 없지만 그날그날 주시는 메시지는 늘 예측할 수 없이 새로워 마음에 긴장하며 귀 기울이게 된다.

나는 이런 두 분 목사님에게서 '정서적으로 건강한 영성'을 보고 배운 것이 무엇보다 큰 기쁨이다. 자칫 '거룩한 것'과 '세상적인 것'으로 가르기가 쉽고, 지위와 체면과 나이가 열린 교제에 장애가 될 수 있는 교회 문화를 극복할 수 있는 것은 '비본질적인 것'에 대해 자유로울 수 있는 열린 마음이고 정서적 건강일 것이다. 이것은 예수님이 한 종교 지도자가 아니라 세상 사람들과의 관계 속에서 본을 보이신 아름답고 건강한 인격의 특징이다. 참된 영성이란 예수님의 생각과 언어와 교양과 삶을 닮아가는 것이 아닐까. 그러한 모습을 자신의 목회자에게서 볼 수 있는 성도는 참으로 복되다.

*****

이 장에서는 교회에서 성장하며 섬겨온 이야기를 나누었다. 성도는 두 번의 회심, 곧 헌신이 있어야 한다. 첫 번째는 하나님께, 두 번째는 세상을 향해서이다. 교회에 믿음의 뿌리를 두되 세상에 나가서 섬겨야 한다. 다음 장에서는 일터를 섬기는 이야기를 나누고자 한다.

6장

일터 섬기기

(Workplace)

1절 신앙과 일터

모이는 교회와 흩어진 교회
(Gathered Church & Scattered Church)

미국의 어느 큰 교회의 목사님 이야기이다. 그분은 워싱턴 공항에 착륙을 준비하는 비행기에서 아래로 보이는 큰 건물들을 식별할 수 있었다. 그래서 목사님은 '우리 교회는 어디쯤 있을까?' 하며 살펴보는데 찾질 못하였다. 잠시 서운했지만 목사님에게 큰 깨달음이 왔다. '아 그렇지! 우리 교회는 바로 우리 성도들이 흩어져 사는 저 집들과 일을 하는 저 아래 백화점, 은행, 학교, 그리고 저 많은 비즈니스 빌딩들이지!' 목사님은 우리의 가정과 일터가 교회의 연장이고 실제로 예수님 말씀대로 세상을 섬기는 현장이라고 수없이 설교했던 것을 기억했던 것이다.

또 하나의 이야기가 있다. 오래 전 우리 교회 평신도목회 세미나에서 발표한 미국의 한 장로님은 이런 경험을 말했다.

한국에 와서 잘 알려진 교회를 직접 보고 싶어 방문해서 예배에 참석했습니다. 과연 듣던 대로 규모가 컸고 회중이 한데 모여 예배드리는 모습은 참 인상적이었습니다. 예배가 끝나고 평신도 지도자 몇 분과 담소하며 감명스러웠다고 말하니 모두가 자랑스러워했습니다. 저는 이어서 저의 궁금한 점을 이렇게 물었습니다. "그런데 집사님 교회에서는 성도들이 평일에는 대개 어떤 예배와 섬김을 하나요?" 이 질문에 그분들은 서로 얼굴을 둘러보더니, "글쎄요, 평일에는 안 모이는데요." 하는 것이었습니다. 사실 대부분의 교회가 이와 비슷합니다.

그가 물었던 '평일에 드리는 예배와 섬김'은 성도들의 삶 전체에 언제나 하나님이 첫 번째 자리에 계시는 것을 말하는 것이고, 섬김은 성도들이 세상에 나아가 삶의 현장에서 어떻게 그리스도인으로 사는지를 물었던 것이다. 그리고 교회는 이 부분을 얼마나 중히 여기는가 하는 질문이었다고 한다. 짧은 대화 속에, 그것도 이중 언어로 나누다 보니 서로 의사소통이 어려웠을 법도 하다. 그러나 이 말을 전해 들은 나는 그가 무엇을 말하려 하는지 알 수 있었다. 그

는 주일날 '모이는 교회'와 평일에 '흩어져 일하는 교회' 둘 다 보고
싶었던 것이다.

이원론

많은 그리스도인이 '이원론'을 산다고 한다. 교회와 세상, 주일과
평일을 나누어 '이중생활'을 해야 하는 사람은 하나님 말씀 따르랴,
세상 물결 따르랴 자신도 힘들고 이웃에게도 선한 영향을 줄 수 없
다. 세상에 살면서 '내가 아닌 나'를 살아야 하니 그 피로와 낭비가
이루 말할 수 없다. 그리스도에게 헌신한 사람들은 "천국은 침노
하는 자의 것"이라 하신 예수님 말씀대로 세상 속에 들어가 거기서
그리스도인, 곧 '빛'으로 살며 하나님 나라의 영토를 확장하려는 결
단과 노력과 실력을 갖춰가야 한다. 임재하시는 하나님의 능력을
힘입어 늘 자신을 훈련하고 때로는 쳐서 복종시키는 노력이 필요
하다. 그래야 이중생활에서 벗어나 정체가 투명한 통일된 삶, 자유
로운 삶을 살기 시작한다.

"자유는 공짜가 아니다(Freedom is not free)"라고 하였다. 나라
의 자유 독립을 위해 싸우신 선열을 기리며 새기는 교훈이다. 그뿐
이 아니다. 한 인간의 진정한 자유는 언행심사, 곧 생각하는 것과
느끼는 것과 말과 행동이 하나로 통일된 사람의 것이다. 이것이 서
로 어긋나는 사람일수록 자유를 잃는다. 진정 '자유로운 영혼'은 뼈
아픈 자기부정과 성장과 변신의 과정을 거쳐 얻어지는 것이다. 그

리고 그것은 인류 역사상 예수님 한 분만이 완벽한 통일의 본을 보여주셨다. 우리는 불완전한 존재이지만 예수님을 본받으며 그분을 힘입어 배워가며 변화될 수 있다. 옛 성인의 한 사람(St. Irenaeus)은 이런 온전한 사람은 하나님의 영광이라고 하였다. "The glory of God is a human being fully alive!"

비즈니스에서 대계명은 자신에게 있는 것을 모두 가지고 이웃을 섬기는 것이다. 종교개혁자 마틴 루터는 두 구두 전문가의 예를 들며, "한 사람은 모든 정성을 다하여 양심껏 구두를 만들어 고객에게 전달하였고, 또 한 사람은 적당히 만들어 겉으로만 그럴듯한 구두를 완성하고는 구두 뒷축에 '하나님 영광 받으소서' 하며 십자가 문양을 새겨 놓았다." 그러면서 두 사람 중 누가 하나님을 기쁘게 하였는지를 묻는다. 당연히 첫 번째 사람이다. 두 번째 사람은 '이중생활'의 모습을 보여준 것이다.

같은 이름을 가졌던 마틴 루터 킹 Jr. 목사님은 워싱턴 정가 건물들이 있는 거리의 청소부 한 사람이 민권운동을 이끄는 그에게 찾아와 "나는 백인이 지배하는 이 거리를 더 이상 청소할 수 없습니다"라고 하자, "아닙니다. 당신은 백인을 위해 거리를 청소하는 게 아니라 하나님의 영광을 위해 하고 있는 것입니다."라고 하였다 한다.

예수님도 공생애를 시작하시기 전에 목수의 '비즈니스'를 하셨고, 공생애가 시작되고서도 복음을 직접 말씀하실 뿐 아니라 대부분 시간과 노력을 가르치고 제자 만들고 치유하고 섬기는 시간에 쏟으셨다. 그것은 '사랑의 중노동'이었다. 그의 제자들도 성전과 회당의 중직자 출신이 아니었다.

대사명과 대계명

나는 그리스도인의 신앙고백과 삶의 불일치를 솔직하게 지적한 영적 지도자들의 말을 들으면 부끄럽기도 하지만 도전을 받는다. 〈세계 로잔대회〉에서 빌리 그레이엄과 함께 변혁과 BAM(Business as Mission)을 제창하였던 존 스토트(John Stott) 목사님이 그의 저서 《균형잡힌 기독교(*Balanced Christianity*)》에서 가르친 말씀들을 기억한다. 그는 "가서 복음을 전하고 제자 삼으라" 하신 대사명은 "네 이웃을 사랑하라"하신 대계명을 대신하지 않고, 또 대계명은 대사명을 대체하지 않는다고 하였다.

그러면서 그의 마지막 저서 《제자도(*The Radical Disciples*)》에서는 이런 일화를 전했다. 한 힌두교 교수가 크리스천 제자에게 말하기를, "자네들 그리스도인들이 예수님처럼만 산다면 인도는 바로 내일부터 당신들 발아래 있을 것일세." 그리고 무슬림으로 목사가 된 한 사람은 "모든 그리스도인들이 (진짜) 그리스도인이라면 오늘날의 이슬람은 더 이상 존재하지 않았을 것"이라 했다고 한다.

그리고 무디 바이블 스쿨을 이끌었던 워렌 위어스비(Warren

Wiersbe) 목사님의 말이다. "우리 주변을 보면 메달을 많이 달고 다니는 사람은 너무나 많지만 나가서 싸운 상처는 보이지 않는 사람들이 많습니다(We have too many people who have a plenty of medals and no scars)."

아픈 사례들을 더 들지 않더라도 우리는 세상을 향해 재헌신해야 한다는 것을 잘 알고 있을 것 같다. 바로 예수님이 교회에게 복음전파와 이웃사랑의 계명을 주셨다. 둘은 상호 연결되어 있어서 서로를 완성시켜 준다. 하나님을 사랑하지 않으면서 세상을 진실로 섬길 수 없고, 세상을 섬기지 않으면서 하나님을 진실로 사랑할 수 없다.

스토트 목사님은 《제자도》에서 한 가지를 더 말했다. 하나님이 우리 인간을 만드시기 전에 먼저 만드시고 돌보라 하신 것은 창조세계(creation care)이다. "하나님을 사랑하고 예배한다면서, 또 예수님의 제자라고 하면서 그분의 소유가 확실한 이 지구에(the earth that bears His stamp of ownership) 관심이 없는 그리스도인들이 있다는 것이 나에겐 믿기지 않는 일이다." 환경은 하나님의 것이고, 미래 세대의 것이다. 우리는 그들로부터 그것을 파괴해도 좋다는 승낙을 받은 적이 없다. 우리에게는 환경을 누리며 더 잘 보존할 책임만 있다.

교회의 대표기도

주일 예배의 대표기도는 성도들의 기도를 모아 올려드리는 것이 므로 나에게도 기도 순서가 다가오면 준비를 잘해야 했다. 그러나 매주 비슷한 내용의 기도를 올려드리는 것을 들으면 좀 달라져야 하겠다는 생각을 하게 된다. "지난 한 주도 세상에 나아가 죄를 짓 다 왔습니다." 하는 회개의 기도라든가, "대통령과 위정자들이 하 나님 뜻을 따라 나라를 이끌게 하소서." 하는 지도자들을 위한 기 도는 마땅한 것이겠지만, 이에 더하여 예배드리고 있는 우리 자신 이 먼저 하나님께 헌신하며 우리가 밖에 나아가 세상을 변화시킬 수 있도록 비전과 힘을 달라고 기도하고 싶었다. 새해를 시작하는 달 어느 주일 예배에 나는 이런 기도를 드렸다.

이 세상 모든 백성을 사랑하시는 하나님 아버지! 예배드리는 우 리를 또한 세상을 이기는 믿음 가지고 하나님의 자녀로 살게 하 옵소서. 나라와 지도자들을 위해 기도할 뿐 아니라, 우리가 세 상을 변화시키는 사람들이 되게 하옵소서. 기업과 일터를 섬기 는 그리스도인들이 정직과 신뢰를 회복시키며 사람의 존엄을 지 키게 하옵소서. 학교에서 섬기는 그리스도인들이 진리를 세우며 희망이 있는 미래 세대를 키우게 하옵소서. 예술과 예능, 방송과 미디어가 그리스도인들 때문에 하나님의 거룩하심과 아름다움을 널리 전파하며 경건함과 분별력으로 세상에 유익을 끼치게 하옵소서. 저희들 부모와 자녀가 가정 안에서 하나님의 사랑과 훈육을 배워가며 이 땅 위에 유일한 하나님 나라를 건축하게 하옵소서.

그러나 하나님 아버지, 우리의 힘과 우리의 타고난 성품을 가지고는 이 모든 일을 능히 할 수 없음을 고백합니다. 세상을 이기신 주님을 닮게 하옵소서.

그날의 예배 후 며칠이 지나 회중의 한 분으로 예배에 참석하였던 원로 목사님께서 문자를 주셨다. "그날 기도는 제가 생각하는 것과 같습니다. 아내와 함께 기뻤습니다." 나는 큰 격려를 받았다.

그리스도인의 사회적 섬김

"복음을 항상 전하라. 꼭 필요할 때에는 말로 하라"(Preach the Gospel all the time; if necessary, use words). 이것은 세상에 나아가 삶으로 살아내는 복음을 표현한 것으로 성 프란시스(Francis of Assisi)가 하였던 말로 알려져 있다. '가난한 자 중 가난한 자들'을 돌보았던 마더 테레사가 실천하였고, 찰스 콜슨처럼 복음으로 세계의 수많은 교도소를 변모시킨 사람도 있다. 본받아야 할 많은 사회적 섬김 가운데 찰스 콜슨은 내가 물었던 "자 이제부터 어떻게 사는 것이 맞는가?" 하는 질문에 중요한 모델이 되어주었다. 나도 그처럼 살고 싶었다.

내가 만난 찰스 콜슨(Charles Colson)

찰스 콜슨은 40대 초반의 나이에 예수님을 만나 변화되어 새로운 사명을 가지고 새출발하였다. 나도 30대 중반에 그런 변화를 겪었기에 콜슨의 이야기는 나에게 매우 가깝게 다가왔다. 나는 그의 책을 거의 모두 찾아서 읽고 오디오도 들었다. 그의 이야기를 들을 때마다 예수님을 몰랐던 사울이 다메섹으로 가는 길에 찾아오신 예수님을 만나 회심한 후에 바울이 되어, 자신의 총명과 열심을 가지고 이제는 세상에 나아가 세상을 바꾸는 역사를 만든 사건을 떠올리게 된다.

명석하고 애국충정이 강했던 콜슨은 닉슨 행정부 시절 워터게이트 사건에 연루되어 권력의 정점에서 형무소로 가게 되는 과정에서 하나님을 만나 온전히 거듭나게 되었다. 그를 회심에 이르도록 인도한 것은 한 크리스천 사업가 친구였다. 콜슨을 위해 기도해왔던 그 사람은 어느 날 회의에 차 자기 집을 방문한 콜슨에게 C. S. 루이스의 책《순전한 기독교(Mere Christianity)》를 주면서 그가 가기 전에 책의 한 부분을 열어 직접 읽어주었다. '가장 큰 죄(교만)'에 대한 몇 페이지 글을 앉아서 듣던 콜슨은 자신의 모습을 너무나 정확히 서술하는 루이스의 글에 충격을 받으며 마구 흔들렸다. 하나님의 관점에서 본 인간의 현실을 논증적으로 펼치는 루이스의 한마디 한마디에 세상적 관점에서 스스로 성공했던 콜슨을 지탱해 온 자신의 논증은 힘없이 무너져 내렸다. 무언가 절대적 권위자 앞에 발가벗겨져 수치심에 떠는 느낌이 엄습했다. 자신의 이 모든 허무가 어디서 오는 것인지, 자기가 얼마나 하나님에 대해 무지했는지, 죄가 무엇인지를 처음 깨닫기 시작한 순간이었다. 그는 돌아가는 차에 올라 운전대를 잡고는 울고 있는 자신을 발견했다. 막강한 미 해병대의 최연소 장교였고, 최강대국 미국의 대통령이 늘 옆에 두고 자문을 구했던, 정치적으로는 나라를 위하는 일념으로 강력한 매파의 선두에 섰던 그가 지금 하나님을 만나 터지는 눈물 때문에 시동을 걸지도 못하고 하염없이 울고 있었던 것이다.

이후 그는 크리스천 정치인 친구들의 조용하고 진심 어린 도움을 얻어가며 형기를 단축해 마치고 나와서는 교도소 안에서 체험한 '크리스천 형제들의 사랑'을 남은 일생 동안 갚으며 살아가려는 결심을 하고 '교도소 복음사역'(Prison Fellowship Ministry)을 시작하였다. 오래지 않아 미국과 남미의 많은 교도소가 변모하기 시작했다. 지옥과 같았던 감옥이 깨끗이 청소되고 많은 교도관으로도 다스릴 수 없었던 험한 복역수들이 스스로 규율을 지키며 절망에서 희망으로 바뀐 삶을 그들의 생활에서 빛나는 얼굴로 보여주게 되었다. 일반 교도소는 출소 후 재범율이 70%라고 한다면 복음이 들어간 교도소는 재범율이 20% 아래로 내려갈 수 있다는 것을 보여주었다. 그는 세상을 바꾸는 사람이란 늘 그리스도를 향한 한 마음, 한 목표를 가진 헌신된 사람들이라고 믿었다. 예수님이 그렇게 하셨고, 세계 교도소에 새로운 희망과 패러다임을 보여준 콜슨도 그를 따랐다. 그는 이 사람들을 '한 무리의 용사들'(platoon of committed people)이라고 불렀다.

그의 자서전《거듭난 사람(*Born Again*)》은 한 기관에서 선정한 20세기를 바꾼 100권의 크리스천 서적에도 올라가 있다. 이 책은 어느 날 평범한 그리스도인 여인의 손을 통해 필리핀의 감옥에 갇혀있는 아키노라는 죄수의 손에 들어간다. 그는 한때 상원의원으로 마르코스 독재 정권과 맞서 싸운 적이 있었으나 투옥된 후 이제는 자신도 억제할 수 없는 원한과 분노에 사로잡혀 스스로 폐인이 되어가고 있었다. 이 책을 읽은 아키노는 무릎을 꿇고 그리스도를 영접한다. 영혼의 자유함을 얻고 인신의 구속에서도 해방된 그는 얼마간의 미국 망명 생활 끝에 콜슨을 우연히 만나게 되었고 주위의 만류에도 불구하고 조국의 민주화를 위해 '죽으면 죽으리라' 하며 필리핀행을 감행한다. 우려했던 대로 마닐라 공항에 내리는 순간 독재자의 총탄은 그리스도인 아키노의 머리를 관통했다. 모든 꿈은 허사로 끝나는 듯했다. 그러나 기독교 신자들과 수많은 시민들은 눈물을 흘리며 조용히 궐기하여 진압에 나선 탱크 앞에 몸을 뉘었고 마침내 평화적 혁명이 이루어졌다. 그의 아내 아키노 여사는 얼마 후 필리핀의 대통령이 되었고, 남편의 뜻을 따라 복음 전도의 소명을 다했다. 그리스도를 닮은 사랑의 희생은 죽음보다 더 강했다.

콜슨은 또 보통 사람들과 실업인들을 전도하였는데, 수많은 연쇄점을 가진 한 회장은 그리스도인이 된 후 자신의 사업에서 큰 비중을 차지했던 포르노 잡지들을 그의 모든 점포에서 내리는 결단을 하였다. 비슷한 현상이 도처에서 일어났다. 포르노 산업을 불법화하려는 수많은 법적 노력에도 꿈적하지 않던 것이 평범한 크리스천 한 사람의 가치관의 변화로 세상에 변화가 일기 시작했다.

콜슨의 책과 강연을 거의 다 읽고 들어서 내 것처럼 여겨오던 나에게 믿을 수 없는 일이 있었다. 1992년 8월의 주일 날 평상시와 같이 예배가 시작되었는데, 김상복 담임목사님 곁에 한 외국인 중년 남자가 함께 연단에 서는 것이었다. 왠지 익숙해 보이던 그 사람은 다름 아닌 콜슨이었다. 내 눈을 의심하였다. 이윽고 콜슨은 나에게 익숙했던 그의 설교를 하고 목사님이 직접 옆에서 통역을 해주셨다. 나는 예배가 끝나고 회중과 악수하는 그에게 다가가 반갑게 인사를 나누며 "내가 당신의 책과 테이프를 다 듣고 깊이 감명받아 왔는데 이렇게 보니 참 놀랍다"고 하며 서로 기뻐하였다. 다음 날 한국에 민영 교도소 도입을 위한 모임에 그를 찾아가 대화할 수 있었다. 그도 기뻐하며 내가 읽었던 그의 책 〈Born Again〉 표지를 열어 첫 장에 그가 전하는 성경 구절을 써 주었다. "너희는 유대인이나 헬라인이나 종이나 자유인이나 남자나 여자나 다 그리스도 예수 안에서 하나이니라"(갈 3:28).

콜슨은 이듬해인 1993년에 종교 분야의 노벨상이라 불리는 템플턴상(Templeton Prize)을 받았다(1992년 수상자는 한국의 한경직 목사님). 수상을 축하하는 글을 보낸 나에게 콜슨은 "이 상은 내가 받은 것이 아니라 나와 당신과 그리고 세상을 더 좋은 곳으로 바꾸려고 헌신하는 모든 그리스도인들의 공동 수상"이라며 기쁨을 함께 나누었다. 세상은 참으로 그리스도에 헌신한 사람들이 힘과 뜻을 합쳐 하나님의 나라를 구하며 나설 때 그만큼 확장되고 밝아지게 된다. 그것은 사도행전 시대에나 현대에나 마찬가지다.

○○○
2절 성경적 비즈니스

콜슨의 이야기는 복음을 가지고 사회를 밝히는 사회참여 사역의 하나가 될 것이다. 이번에는 성경적 비즈니스에 대해 나누려 한다. 여기서 '비즈니스'는 좁은 의미의 영리 목적 활동만이 아니라 학교, 병원, 연구기관, 공적 기관 같은 사회적 기능 전반에 해당하는 것으로 보았다.

예수님은 우리를 "세상의 빛"이라 하셨다. '빛'은 세상에서 '선한 일'을 하는 것을 말한다.

> "온갖 좋은 (선한) 은사와 온전한 선물이 다 위로부터 빛들의 아버지께로부터 내려오나니 그는 변함도 없으시고 회전하는 그림자도 없으시니라"(약 1:17).

성경은 우주적이며 보편적인 진리여서 성경적으로 '선한 일'을 하는 것은 반드시 인간 생활에 유익을 가져온다. 그런데 우리의 언어에도 '이원화'의 단절이 있다. 성경의 용어를 사용하면 성경적 가치이고, 사회의 용어를 사용하면 세상적 가치로 들린다. 오랜 관습이 이 둘을 갈라놓는다. 그러나 성경의 가르침들을 생활 속에서 이미 통용되고 있는 도구들과 연결해 보는 것은 어렵지 않은 일이다. 몇 가지를 적어본다.

하나님이 우리에게 명령하신 '창조세계 보호'(creation care)는 우리 현실에서 생태계보호나 환경친화적 경영으로 연결된다. '이웃사랑'은 가족과 고객과 사회와 이해 당사자들을 바르게 섬기는 일에 최선을 다하는 것이다. '하나님 나라'와 그의 '부르심'은 조직의 비전과 사명 선언서와 전략들에 담을 수 있다. '정직한 세리와 관원'은 윤리경영, 투명경영을 진지하게 실행하는 것이다. '두 달란트, 다섯 달란트'는 모두가 가진 재능을 다 내어놓고 개발하여 기업가정신을 발휘하고 지식근로자가 되는 것을 생각나게 한다. '제자 만들기'는 인재 양성, 훈련, 평생학습이 해결을 돕는다. '듣기는 속히 하고 말하기는 더디 하라'는 공감적 경청을 습관화하는 것이다. '연합하여 서로를 섬기기'는 자율경영, 조직개발, 팀 빌딩이다. 그리고 '평신도목회'는 참여적 경영이다.

성경적 가치들을 '특별은총'이라 부른다면 사회적 문명의 도구들은 '일반은총'으로 불러도 될 것 같다. 나는 일터에서 하는 일들이 성경적 가르침들과 연결되는 것임을 깨달을 때마다 일할 기회를 주신 하나님께 감사하게 된다. 거룩한 것(聖)과 속된 것(俗)을 굳이 가를 필요가 없게 되었다. 이것이 신앙의 생활화이고, 예수님이 몸소 보여주신 삶이다.

여러 해 전 교회에서 모인 한 선교단체의 세미나에서 '비즈니스 분과'에 속해 기업이 사회를 더 잘 섬기는 방안을 주제로 토의와 발표를 하였다. 내가 일하는 회사의 경영 사례 중 윤리경영과 새로운 근무제도로 사원들의 몸과 마음과 지식의 재충전을 가능하게 하였던, 사회에서 인정받은 몇 가지를 발표하였는데, 참가자들의 반응은 의외로 조용했다. '그런 사례는 세상에도 많지 않나?' 하는 것 같았다. 무언가 '기독교'의 이름으로 추구하고 나눌 수 있는 사례들을 기대했던 것 같다.

세상에는 이미 누구나 준수해야 하는 도로교통법, 공정거래, 세무회계 같은 사회적 규범이 있고, ESG(환경, 사회, 투명경영), ISO(국제표준기구), UN 지속가능성지수 같은 더 높은 기준들이 있다. 그리고 더 선하고 창의적인 사례들도 얼마든지 배울 수 있다. 크리스천들의 비즈니스 모임에서는 이를 위해 서로 배우고 격려하고 실천하는 장을 더욱 강화해야 할 것이다. 그러나 모든 그리스도인은 세상의 '빛'으로 살아야 한다. 인문과학과 자연과학과 예술의 세계는 사실 하나님이 우리에게 주신 모든 지혜를 유익하게 사용하여 삶을 풍요롭게 하고 하나님을 영화롭게 하려는 목적이 아니면 무엇일까?

평신도목회와 참여적 경영

나는 교회에서 평신도도 목회적 사역을 할 수 있다는 사실과 그것이 바로 21세기 목회 패러다임이며 성경이 가르치는 것임을 알았을 때 큰 자유와 기쁨을 경험하였다.

> "그가 어떤 사람은 사도로, 어떤 사람은 선지자로, 어떤 사람은 복음 전하는 자로, 어떤 사람은 목사와 교사로 삼으셨으니 이는 성도를 온전하게 하여 봉사의 일을 하게 하며 그리스도의 몸을 세우려 하심이라"(엡 4:11-12).

이 말씀이 목회의 강령이 된다고 하였다. 나는 이 말씀을 앞뒤 맥락과 함께 배우고 나서 나름 이와 비슷하게 이해하였다. "목사이자 선생님들께서는 평신도를 준비시켜서(가르치고 역할을 나누고 도와주어서), 그들이 섬기는 일(service, ministry)을 함으로써, 그리스도의 몸인 교회가 세워지게 하십시오."

나는 일터에서도 평신도목회의 원리를 경영의 현장에 적용하며 놀라운 결과를 경험하여 왔다. 평신도가 교회 안에서 수동적 역할을 하던 것을 떠나 사역의 주체가 될 때 큰 권능과 열매가 생겨나는 것과 마찬가지로, 직장에서도 직원 모두가 주인의식과 책임감을 가지고 경영의 일선에서 뛰게 할 때에 새로운 직장 문화가 생기고 경영의 성과도 예상을 넘는 결과를 가져오는 것을 경험하였다. 에베소서의 말씀에 담긴 뜻을 가지고 나름대로 21세기 참여적 경영의 패러다임을 설명하자면 아마도 이런 말이 될 것 같다.

"CEO와 임원의 역할은 사원들을 교육하고 임무를 나누고 도와주어, 그들이 회사의 일을 자신의 일로 알고 헌신하게 됨으로써, 결과적으로 기업이 바로 서게 하는 것이다."

이것은 성경의 원리가 세상의 일터에 그대로 적용되는 것을 보여주는 또 하나의 좋은 사례라 할 수 있다.

일과 돈

그리스도인의 생활에서 가장 중요하면서 어려운 가치관은 돈에 대한 것임이 틀림없다. 예수님은 돈과 탐욕에 대한 가르침을 다른 무엇보다 많이 하신 것을 우리는 잘 알고 있다. 재물이 있는 곳에 우리 마음이 있다고 하신 예수님은 "너희가 하나님과 재물을 겸하여 섬기지 못하느니라"(마 6:24)고 하셨다. 이와 관련한 많은 격언 중 하나를 고르라면 나에게는 이것이다. "돈이 사람을 다스리면 폭군으로 임하지만, 사람이 돈을 다스리면 돈은 쓸모 있는 머슴이 된다." 이것은 비즈니스의 바른 목적을 추구함에 있어 그 사람의 인격 안에 체득되어 있어야 할 말이라 믿는다.

감리교를 시작한 요한 웨슬레(John Wesley)는 같은 맥락에서 그리스도인이 돈을 바르게 다스리는 것에 대해 좋은 가르침들을 남겼다. 그중에 "돈을 최대한 벌라(make), 최대한 모으라(save), 최대한 쓰라(give)"고 하였던 말은 기억하기가 쉽다. 거기에 조금의 전제를 붙이면 이렇게 될 것이다. "무슨 일이든 옳은 방법으로 열심히 해 벌라. 필요 없고 무익한 일에는 절대 쓰지 말고 모으라. 많은 이의 유익을 위해서는 아끼지 말고 사용하라."

팀 켈러(Timothy Keller) 목사는 그리스도인들이 성경적 가치관을 품고 일터의 삶을 살아야 하는 현실에 대해 깊은 이해를 바탕으로 조언을 하였다. 그는 뉴욕 리디머 교회를 담임하면서 일터 속의 그리스도인들을 위한 부설 조직으로 '일과 영성 센터'를 운영했던 일을 그의 책 《일과 영성(*Every Good Endeavor*)》에서 소개했다. 그는 그리스도인이 직장에서 일하는 의미와 목적을 말하였는데, 나는 보통의 직장인들이 쉽게 이해하고 수긍할 수 있도록 교회 안 토론회에서 이렇게 요약해 보았다. 그것은 생업으로서 생계와 품위를 지키는 일, 일을 통한 자신의 성장, 조직의 성과에 기여하는 보람, 세상의 공의에 도움이 되기, 그리고 복음과 사명이다.

돈은 모두에게 중요하다. 그리스도인에게는 생계 수단보다 더 높은 가치와 목적을 추구하는 경향이 분명히 있다. 그것은 세상의

'빛'이 되고자 하는 내적인 사명감과 열망이다. 그리스도인 리더에게는 사람들에게서 이것이 잘 발현되도록 도울 책임이 있다. 이러한 성경적 관점을 실현할 수 있게 현대 경영학을 만든 사람이 있다. 피터 드러커이다. 그리고 이것을 배우고 창의적으로 적용하여 '빛'이 되는 기업들도 많다. 그중 한 기업의 이야기가 이 장에서 이어진다.

*****

'경영학의 아버지' 피터 드러커

'현대 경영학을 만든 사람(the man who invented management)'으로 존경받는 피터 드러커(Peter F. Drucker, 1909-2005)는 '포춘 500'의 대다수 CEO들이 시대의 변화와 상관없이 지금도 신뢰하고 따르는 경영학자이고, 저술가, 교수, 컨설턴트, 저널리스트이다. 그는 사회학, 법학, 경제학 등 여러 학문을 배경으로 인문과학 전반을 통섭하였다. 기독교 신앙의 배경을 가지고 자란 그는 성경적 가치가 몸에 배어있었다. 그래서 그의 가르침에는 보편적 진실, 곧 인간의 삶 어디에나 적용되며 실행했을 때 선한 결과를 가져오는, 오늘날의 용어로 '지속가능한 경영'의 원리들로 가득하다. 그리고 그는 성경의 구절들을 자주 인용해 설명하기보다 사회 일반인들의 언어를 사용했다.

드러커의 고택을 방문하다

몇 해 전 LA 근교 클레어몬트(Claremont) 대학가에 있는 드러커의 고택을 회사의 리더들과 함께 방문하였다. 그분이 남긴 아담한 집 이층 서고에 가 보니 과연 세상을 계몽한 수많은 원고와 책들과 타자기와 펜들이 그의 지혜와 업적을 말해주고 있었다. 그런데 내가 정작 놀란 것은 아래층 응접실로 돌아와 벽 장식을 보다가 특별히 전시된 책 한 권을 발견하고서다. 내가 여러 번 읽고 교회 성경반에서도 나누어 표지만 보아도 반가웠던 《목적이 이끄는 삶(*The Purpose Driven Life*)》이었다. 그런데 이 제목과 함께 저자 이름이 릭 워렌(Rick Warren) 대신에 '피터 드러커'라고 금장으로 인쇄되어 있었다. 흥미가 생겨 표지를 넘겨보니 첫 장에 릭 워렌의 친필 노트가 적혀있었다. 그것을 읽어보고 사연을 알게 되었다. 워렌이 그의 스승이요 멘토였던 드러커 선생님께 자신의 역저를 헌정하며 그에게 감사와 존경으로 올려드린 세상에 단 한 권밖에 없는 아름다운 책이었다.

이 책이 나에게 큰 의미를 주는 이유가 있다. 이원론적 관점으로 서적류를 분류하려는 사람에게는 '세상적 학문'이 될 수 있는 경영학을 만든 사람이 세상에서 가장 많이 읽힌 '기독교 서적' 작가의

멘토요 스승이라는 점이다. '거룩한 것과 속된 것' 둘을 가르는 데
익숙한 우리에게 '그렇지 않다'고 깨우치는 사건이었다. 이것은 복
음과 사회참여는 나눌 수 없다는 것을 말해주는 하나의 증거물로
나에게 보였다. 그것은 드러커가 성경적 가치관을 가지고서 경영,
경제, 사회의 문제들을 보았기 때문일 것이다.

드러커는 그를 찾아와 자문을 구하는 많은 경영자들과 연구자들
에게 즉답을 제시하기보다는 "당신은 왜 이 사업을 하는가? 그리고
당신의 고객은 누구인가?" 하는 질문부터 하였다. 그리고 이어서
"그 고객들에게 가치 있는 것, 중요한 것은 무엇인가? 당신은 그것
을 어떻게 잘 섬기고 있는가? 더욱 잘 섬길 계획은 무엇인가?" 이렇
게 물으며 깊이 생각하도록 이끌었다. 그리고 이런 질문에 바탕을
두고 자신에게 필요한 지식을 늘 학습하고 변화를 즐기는 사람이
바로 '지식 근로자'(knowledge worker)라고 하였다.

"당신의 고객은 누구인가?"로 시작하는 질문에서 나는 예수님이
"네 이웃이 누구인가?" 물으신 질문과 "네 이웃을 네 몸과 같이 사
랑하라" 하신 대계명을 생각하지 않을 수 없다. 드러커는 예수님의
계명을 우리가 사는 비즈니스라는 현실 속의 질문들로 번역하여
우리에게 물은 것이 아닌가? 나의 생각이다.

기업의 인격

드러커는 경영학을 인문과학이라 하였고, 결국 사람에 관한 것으로 보았다. 경영자는 사원들을 높은 지적, 윤리적 수준으로 성장케 할 책임이 있다고 하였고, 자신에게 윤리적 기초가 없다면 사원과 고객과 사회에 책임 있는 행동을 할 수 없다고 하였다. 품성과 윤리가 결핍된 리더는 기업의 생명인 사람과 기업성과를 망치며 영혼 없는 기업을 만든다고 하였다. 그리고 경영자가 자신과 사원의 강점과 개성, 은사를 최대로 사용할 때 전체가 성공한다고 하였다. 기업의 사회적 책임이란 사회와 기업과 개인의 꿈과 이해가 서로 충돌하는 것이 아니라 상호의존적으로(interdependent) 연결되어 모두가 승자(win)가 될 수 있다는 희망을 실현하는 것으로 설명하였다.

유일한 선생님

이와 같은 가치관은 '유한양행'을 설립하신 유일한 박사의 정신과도 일치한다. 그는 무릇 지도자란 자신이 가진 모든 것을 사용하여 사회를 위해 성실히 섬기는 사람이라고 하였다. 어린 나이에 장로님 아버지의 뜻을 따라 미국인 사역자들의 손을 잡고 미국으로 가서 외로움을 극복하고 올곧게 자란 유일한은 경영을 공부하고 사업을 크게 일군 사업가가 되었다. 나라의 독립을 도모하는 운동에도 헌신하였던 선생님은 때가 지나며 나라가 일제 치하에 더욱 어렵게 되자 그의 사랑하는 나라를 섬기기 위해 자신의 재산을 고국으로 가져와 신용과 성실과 품질을 기업 정신으로 제약회사를 세워 국민 건강을 위해 헌신하였다. 그리고 학교를 세워 가난과 무지와 핍박에 시달리는 동포를 교육으로 섬겼다. 나중에 정치 분야에서도 섬겨달라는 부탁을 받으셨을 때 선생님은 자신이 나라를 가장 잘 섬길 수 있는 방법은 정직과 성실로 기업을 잘 일구는 것이고, 그렇게 함으로 나라를 위해 세금도 더욱 많이 낼 수 있게 될 것이라고 답을 드렸다고 전해진다. 그리고 이 땅에서의 사명을 마치는 시간에 그분은 자신이 보유한 전 재산을 사회에 환원하였다.

그는 참으로 바울의 말대로 "돌이켜 가난한 자에게 구제할 수 있도록 자기 손으로 수고하여 선한 일을" 하였다. 그리고 웨슬레의 "돈을 최대한 벌라, 최대한 모으라, 최대한 쓰라"는 가르침을 실행하였다.

무엇보다 "네 이웃이 누구냐?", "네 이웃을 네 몸과 같이 사랑하라" 하신 예수님 말씀과, 모세에게 "네 손에 있는 것이 무엇이냐?" 물으시며 그것을 가지고 섬기라 하신 하나님 말씀에 성실히 답을 하였던, 우리에게 비즈니스의 본을 보이신 분이었다.

경영을 이렇게 기업과 인간과 그들이 공존하는 세상의 가치를 함께 높이는 노력이라고 정의한다면 그것은 다시 한번 성경적 비전이고 가치관이다. 드러커와 유일한의 경영 이야기는 이어지는 유한킴벌리의 사례에서 그 모습을 볼 수 있을 것이다.

○○○
3절 유한킴벌리와 나

나는 대학 졸업 후 군 복무를 마치고 첫 직장으로 유한킴벌리에 입사하였다. 유한양행을 세우신 유일한 회장이 국민 생활에 필수품인 가정용품, 여성용품, 유아용품 같은 생활용품을 도입하기 위해 미국의 킴벌리클라크와 합작하여 세운 회사이다. 나의 아버지는 내가 제대를 앞두고 아직 외출이 제한적일 때 아버지가 신뢰하는 이 회사에 지원서를 내주셨다. 나는 26세에 입사해 63세에 은퇴하였다. 36년을 넘게 일했다.

나의 커리어는 인사담당자로 시작해 얼마 후 70년대 업계 최초로 도입하는 전산실을 이끌 처음 두 사람 중 하나로 선발되어 전산도입과 활용에 힘썼다. 그리고 10년이 지나 전사적으로 추진하는 '경영혁신' 프로그램의 코디네이터 역할을 맡게 되었다. 여기서 경영과 변화와 혁신에 대해 나부터 배우며 간부들에게 전달하고 동원하며 프로그램들을 추진하였다. 이 활동은 나중에 회사의 새로운 리더십 아래 총체적 변혁운동인 'New Way'로 더욱 발전하였다. 이 과정에서 나의 커리어는 전산실에서 HR(인사부문)로 바뀌었고, 이후 직위는 상승되었어도 근본적으로는 사람들이 전인적으로 성장하고 영혼이 살아서 움직이는 조직이 되어 고객과 사회와 환경을 바르게 섬기며 사랑받는 비즈니스가 되도록 하는 커다란 꿈의 실현을 지원하는 분야의 넓은 책임이었다.

문국현 사장

전산실 창설 때 선발된 두 사람 중 또 한 사람은 나중에 사장이 되어 회사의 변신을 이끈 문국현이었다. 그는 나와 비슷한 시기에 입사하여 사업 전략 부서에서 중요한 역할을 담당하다 전산실 창설 과업을 맡았다. 그는 신입사원 시절부터 리더였다. 처음 입사 때부터 사장과 같은 비전과 자세로 일했다. 선배, 동료, 후배 사원 모두가 그를 좋아하고 존경심이 생기게 하였다. 언제나 더 멀리 보고, 더 좋은 생각을 가지고 있었고, 부서와 부문 사이의 담을 개의치 않고 넘나들며 돕고 연결하고 미래로 이끌었다. 사원 각자의 할 일을 서술한 '직무기술서'가 그의 행동반경을 문서 한 장에 가두어 두지 못했다. 그는 입사할 때부터 '유일한 정신'과 '드러커의 경영 철학'을 지니고, 마치 무한 책임을 즐겁게 수행하고 있는 사람처럼 일했다. 사람들을 대할 때에는 언제나 따뜻한 사랑과 존중과 공감

능력이 드러났다. 그는 진실로 자유로운 영혼이었다. 이런 것을 금지할 법이 과연 어디에 있을까? 그랬던 그가 사장이 되었을 때 함께 꿈을 나누었던 혁신의 리더들은 기뻐했다. 그리고 장애 요소들로 속도를 낼 수 없었던 비전과 전략들이 '때를 만나' 밤과 낮이 다른 것처럼 펼쳐지기 시작했다. 곧 일터의 제도가 바뀌고 문화가 바뀌고 경영의 성과로 나타나기 시작했다. 시간이 지나며 회사는 몰라보게 변신을 거듭했다. 회사가 궁극적으로 섬기는 고객과 소비자와 사회에서 사랑과 신뢰를 받는 회사가 되어갔다.

일과 사람들에 눈이 열리다

나 개인의 이야기를 여기서 드린다. 30대 전산실장 시절 예수님을 영접했던 나는 곧 일과 사람을 보는 태도가 자신도 모르게 달라져 있었다. 일이 감사하고 동료들이 귀하게 보이기 시작했다. 어느덧 중견 사원이 되어가는 나에게 회사는 선진 경영의 현장을 보고 배우고 와서 회사에 적용할 수 있는 기회를 과분하도록 많이 부여하였다. 하나님의 형상으로 지음받은 직원 모두가 일터에서 귀한 존재로 보였던 나에게 그들의 몸과 마음과 영혼을 모두 사용하여 일할 수 있게 한다는 회사의 비전은 나에게 합치되는 것이었다. 이 목표를 향해 회사가 뒷받침하는 프로그램들을 만드는 일에 동참하게 되었을 때 나의 마음은 벅찼다. 새로 얻은 신앙과 회사의 일이 완전히 일치하였다.

그러나 새로운 도전에는 성취의 기쁨과 함께 좌절의 아픔도 있었다. 하나님의 나라와 일터 속의 현실 사이에는 큰 괴리가 있었다. 전통 가치가 몸에 밴 조직 문화를 일정표에 따라 억지를 부려 새로운 문화로 바꿀 수는 없었다. 옛 애굽에서 히브리 백성을 빼내는 것보다 그들의 마음속에 있는 애굽을 빼내는 데 시간이 더 걸렸던 출애굽기의 가르침 그대로였다. 그런 가운데 속을 심히 앓는 날은 퇴근길 운전대를 잡고 집에 오면서 나도 모르게 흐르는 눈물을 닦기도 하였다. "하나님, 도와주세요." 부장 시절 어느 날, 그동안 개발했던 새로운 회사문화와 경영방침의 문안을 완성해 이사회에 올려드리고는 채택되게 해달라고 하나님께 기도하던 순간도 있었다. 마침내 아무런 수정 없이 받아들여지고 깨끗한 팸플릿으로 제작되어 사원들에게 배부되었고, 나는 잇달아 사업장을 다니며 설명회를 가졌다.

변혁(Transformation)

설명 자료 가운데에는 알에서 깨어난 애벌레가 자라서 고치가 되고 그 속에서 형질의 변화를 이루는 과정을 거쳐 아름다운 나비로 변신해 날아가는 과정을 그린 한 장의 그림이 있었다. 혁신이란 그저 몸집이 크게 자라가는 것이 아니라 이처럼 완전히 새로운 존재가 되는 것을 설명하는 어느 유명 컨설팅사의 그림이었다. 나는 설명 중에 당시 사회에서 유행하기 시작한 '거듭나다'라는 용어가 떠올라 사용하면서 이 말의 유래에 대해 이렇게 말했다. "성경의 요한복음에 보면 니고데모라는 사람이 예수님을 찾아와 하나님의 나라에 대해 질문했습니다. 그때 예수님께서 '사람이 born again, 거듭나지 아니하면 하나님의 나라를 볼 수 없느니라'고 하신 데서 유래한 것입니다." 이 말을 하는 순간, 듣는 사람들보다 말하는 나 자신이 놀라고 말았다. 전혀 준비하지 않았던 말이 내 입에서 나온 것이다.

그리고 내 속에 감격과 기이한 힘이 생기기 시작했다. 성령님이 나의 입술로 사람들 앞에 하나님을 시인하게 하신 이후 나는 이전의 내가 아닌 담대한 해설자요 추진자 역할을 할 수 있었다. 그리고 회사는 변신을 시작했다. 완전히 새로운 문화로 바뀌기 시작한 것이다. 예수님은 우리에게 좀 더 나은 삶을 살라고 하지 않으시고 '반드시 다시 태어나야 한다'고 하셨다.

이후 나는 은퇴에 이르기까지 20여 년을 여러 영역과 단계에서 '변화의 촉진자' 역할을 하였다. 그 과정에서 문국현 사장은 늘 리더요 동역자였다. 그는 공적인 업무뿐 아니라 개인적이고 영적인 부분에서도 나의 동지였다. 소책자 〈오늘의 양식〉을 매달 드리면 그것이 헐어질 정도로 늘 안 호주머니에 넣고 다니며 틈나는 대로 읽고 감명깊은 부분은 남들과도 공유하였다. 사내의 비공식적인 모임인 신우회에도 예정에 없이 조용히 참석하였다. 교회와 일 터와 그곳의 리더들을 위해 매일 기도하는 내 아내는 문 사장과 나 의 관계를 '다윗과 요나단'에 비유하곤 하였다. 나에겐 영광이요 기 쁨이었다.

*****

회사의 달라진 모습들은 모범 사례와 연구 사례들로 발표되었 다. 여기서는 이 책의 흐름에서 요점 위주로 번안해 본다.

윤리경영

투명한 경영과 재정관리를 추구하였다. 전사적 자원관리시스템 (ERP)과 내부통제제도(Internal Controls)를 효과적으로 운영하여 사람의 고의나 실수로 인한 문제를 구조적으로 예방하고 사원들을 보호하였다. 이례적으로 신속하고 투명한 경영정보 공개가 모범 사례로 알려졌다. 한 대기업에서는 과연 그것이 시스템 측면과 회 사 운영 측면에서 가능한지 궁금해서 회사 방문을 요청하였다. 설 명을 다 듣고 난 그들은 궁금했던 것이 모두 사실이라는 것을 확인 하고서 감사를 표하며 자리에서 일어났다. 그러나 한편으로는 그 들의 회사에 돌아가 과연 그처럼 바꿀 수 있을지에 대해서는 답을 유보하였다.

행동규범(Code of Conduct)을 자율적으로 지키게 하여 사회에서 관행처럼 여겨지던 선물과 접대문화를 원칙적으로 금하고 예외적인 사항은 한도와 사유를 정하여 승인받도록 하였다. 초기에는 "그렇게 하면 일을 못합니다" 하는 일선 사원들의 어려움도 있었지만 새롭고 건강한 상호유익의 관계를 만들어 나갔다. 세계에서 통하는 거래 관행들도 연구하였다. 얼마가 지나 고객사에서는 오히려 회사에 감사를 표하며 회사의 진정성을 신뢰하기에 이르렀다.

행동규범은 사원 사이에 불쾌감을 주는 언행도 다루었다. 한번은 어느 사원이 자신은 성희롱의 기준이 너무 엄격해 때론 오해받을까 두렵다고 하였다. 나는 이렇게 대답을 해주었다. "그 사원이 당신의 가족이라고 생각하면 애매할 게 하나도 없을 거예요. 누이나 딸에게 이게 성희롱인지 아닌지 매번 신경 써야 하나요?" 거래처에서 들고 오는 선물에 대해서도 그것이 선물인지 뇌물인지 때론 판단이 어려울 수 있다는 담당자에게 나는 이런 답을 해주었다. "그 받은 것을 당신의 상사와 동료들에게 보여주며 '그분이 이걸 가져왔는데 참 사려깊고 고마운 분이네요' 하면서 자신이 마음 편히 가져도 되는지 한번 생각해 보면 애매할 게 없을 것"이라고 했다.

윤리는 규정(rule)이 아니라 마음의 양식과 결심이다. 리더는 사원들이 그런 문화 속에서 살 수 있도록 만들어줄 책임이 있다. 사회적 신의(integrity) 위에서만 개인과 기업은 성공할 수 있다. 건강한 영혼이 항상 먼저다.

직장 내 평생학습

생산부문 사원들이 하루 24시간 생산 체제에 맞춰 3교대로 일하는 근무조는 몸과 지식과 정서의 재충전이 사실상 불가능했다. 이 체제는 당시 우리나라 대부분의 사업장의 현실이었다. 그러나 우리는 회사의 비전에 맞추어 근본적으로 조직 재설계를 하였다. 1개의 예비조를 추가해 4개조로 편성함으로 비로소 '직장 내 평생학습'의 기반이 마련되었다. 활성화된 팀들이 스스로 목표를 세우고 방법을 찾고 필요한 학습을 하게 되자 안전과 품질과 생산성이 획기적으로 달라지기 시작했다. 사원들은 일터뿐 아니라 가정과 사회에서도 건강한 삶을 누릴 수 있게 되었고 이것이 하나의 지속가능한 선순환을 만들기 시작했다.

많은 경영자와 일반인들이 가졌던 인건비는 '비용'이고 최대로 줄여야 한다는 지배적 인식을 넘어, 우리는 창조력을 지닌 사람의 몸과 마음과 영혼에 효과적으로 '투자'했던 결과였다. 개인과 회사와 사회 모두에게 유익한 이 개념은 우리나라 많은 기업과 기관들도 적극 호응하여 잇달아 도입하게 되는 촉진제가 되었다. 회사의 리더들은 이론과 실제를 사회와 공유하고 사회 일반에서 보편적으로 채택되어가는 과정을 도와드렸다.

가정 친화 일터

회사는 우리나라에서 가장 이르게 주5일 근무를 채택한 회사 중의 하나다. 여성 채용을 망설였던 기업의 문화 속에서 우리는 앞서 차별 없는 채용을 하여 매우 좋은 인재들을 구할 수 있었다. 내가 입사하던 시절의 남성 지배적 일터 문화에서 여성들의 비율이 점차 균형을 이루면서 다양성과 포용성(diversity and inclusion)의 장점들을 경험하게 되었다.

여성 채용에서뿐 아니라 결혼과 출산과 육아를 감안한 유연한 근무방법을 만들어 나갔다. 최소한의 법적 준수사항을 넘어 더 생산적이고 유연한 제도들을 사원의 필요에 맞게 적용했다. 팬데믹 훨씬 이전부터 재택근무와 자율근무를 시작하였다. 그 결과 중의 하나는 높은 자녀 출산율이었다. 출산 후 복직율도 100%였다. 이제는 너무나 절망적으로 되어버린 한국의 평균 출산율에 비해 회사 평균은 아마도 거의 두 배는 되지 않을까 추산해본다.

높은 출산율은 낮은 이직률과도 연관이 있다. 회사의 이직률은 최저 수준이다. 회사는 가정과 일이 서로 상호의존 관계임을 잘 이해해 왔다. 가정의 문제와 고민이 일터에 영향을 주고, 일터의 문제와 고민이 개인과 가정에 영향을 준다. 회사는 이러한 고민이 있는 사원들을 돕는 상담 프로그램을 우리나라에서 처음으로 도입한 회사 중의 하나였다. EAP(Employee Assistance Program)는 회사가 전문 상담사를 제공하여 사원을 개인 상담으로 도와주는 프로그램으로 기밀이 보장되고 효과도 좋았다.

한 회사가 나라의 인구와 출산율을 올릴 수는 없지만, 적어도 자신이 맡은 일터는 그렇게 만들 수 있을 것이다. 그것은 개인과 비즈니스와 사회가 다 함께 번영할 수 있는 매우 중요한 이슈이고, 여기서 비즈니스의 리더가 끼치는 영향력은 매우 큰 것이다.

사회적 책임과 환경 친화

'IMF 경제위기' 시절에 위기에 놓인 대부분의 기업이 인원을 감축하고 해고하는 가운데, 회사는 다른 방법을 택했다. 한 사람도 은퇴시키지 않고 대신에 노후된 과잉 설비들을 은퇴시켰다. 그리고 비교적 최신 설비에 집중하여 인원을 배치하되 하루 3개 조가 무리하여 운영하던 것을 4개 조로 편성해 건강한 인력 운용이 되는 기회로 만들었다. 이로써 3개 공장이 모두 직장 내 평생학습과 재충전이 가능하게 되었다. 덕분에 한 사람도 해고하지 않을 수 있었고, 모두가 건강한 일터의 요원으로 지식과 정서, 사회성을 길러 일하다가 은퇴 후에도 가정과 사회에서 건강한 섬김이 지속될 수 있게 하였다.

회사는 1984년 "우리 강산 푸르게 푸르게(Keep Korea Green)" 운동을 시작해 지금까지 계속하고 있다. 국유지에 나무를 심고 가꾸어 전국의 민둥산이 지금의 울창한 숲으로 변해가는데 이바지하였다. 숲 운동은 '생명의 숲', '학교숲', '도시숲' '그린캠프' 같이 다양하게 전개되어 지금까지 5천7백만 그루의 나무를 심고 가꾸었다.

국민 한 사람이 평생 3천5백 그루의 나무를 심어야 1인이 배출하는 이산화탄소를 제로화할 수 있다고 하는데, 회사는 나라의 유익을 위한 한 부분을 이렇게 섬겨온 것이다.

이 운동도 처음에는 어려움이 있었다. 문국현 사장이 중견 사원 시절에 주창하고 내부와 외부 관계자들을 설득 계몽하여 회사가 시작한 운동이었다. 그러나 시작 후 여러 해 동안 이 운동의 비용에 대해 국가는 증여세를 부과했다. 회사의 자산을 국가에 증여했다는 해석이었다. 상을 받는 대신 일종의 벌금을 내야 했다. 다행히 국가의 해석도 나중에는 바뀌었지만 그러는 동안에도 회사는 변함없이 이 운동을 계속하였다. 나무와 숲을 돌보는 일은 하나님이 창조하신 자연의 청지기로서 하나님께 순종하는 일이다. 회사는 이 운동을 국민과 나라 사랑의 이름으로 시작한 것이다.

회사는 내부에서도 환경 경영을 적극 시행했다. 원천으로부터의 변혁을 꾸준히 시행하여 공기와 물과 폐기물 배출을 궁극적으로 제로에 근접시키는 담대한 목표를 세웠다. 이를 위해 제품의 디자인과 사용 원료와 프로세스와 물류의 전 과정이 환경 친화를 이루도록 변화하는 것이 목표다. 회사는 2030년까지 지속가능한 원료를 95%까지 사용하는 목표를 가졌다. 얼마 전 회사가 매년 발표하는 '지속가능보고서'에서 볼 수 있었다. 이 보고서는 회사가 자진해서 UN을 포함한 국제적 지속가능성 권고기준을 옆에 두고 회사의 목표와 실적을 매년 보고서에 담아 사회와 공유해온 보고서이다.

이것은 비즈니스의 사회적 책임과 환경 친화 경영의 한 사례이다.

사회적 신뢰와 지지

모든 좋은 계획에는 희생이 따르고 실행 과정에 저항이 있기 마련이다. 변화의 리더들은 내부와 외부 이해당사자들과의 커뮤니케이션이 중요하다. 변화의 계획과 추진 단계부터 함께 할 사람들을 참여시키고 리더 그룹이 양성되게 하였다. 이들이 이후 계속 변화를 이끌어갈 사람들이다. 외부에서 관심을 보이는 기업과 기관들과 더불어 협력함으로써 때가 되면 우리의 선한 변화의 사례들이 사회로 널리 공유될 수 있게 준비하였다.

그리고 많은 아름다운 결과들이 있었다. 회사가 신의를 지키고, 내부의 변혁을 이루어 고객의 필요를 바르게 섬기고, 사회적 환경적 책임을 스스로 행하게 되자 국민과 소비자는 그런 기업을 신뢰하고 지지해 주었다. 국내외 기업 평가 기구에서도 꾸준히 분에 넘치는 평가를 해주고 있다. 대한민국 존경받는 기업 (KMAC) 20년, 대한민국 지속가능 보고서 상(KSA) 12년 등이다.

다시 한번 '그리스도인의 사회적 섬김'

회사는 이렇게 변신하였다. 한때 경영의 위기까지 겪었던 기업을 하나님은 그의 뜻을 따르는 사람들을 사용해 회복시키셨다. 그리고 세상의 작은 빛이 되어 '산 위에 있는 동네가 숨겨지지 못한다' 하신 말씀처럼 여러 사람에게 비치게 되었다.

그러나 간혹 회사가 '기독교 회사'냐고 묻는 질문을 받으면 나는 조심스레 이렇게 답을 하였다. "성경적 가치관과 일반 상식 모두에 맞는 경영입니다." 성경의 가르침에 부합하는 경영은 늘 보편타당성이 있어서 사람들이 본능적으로 옳고 유익하고 미래지향적임을 알아차린다. 그러기에 모두가 같은 비전을 품고 함께 나서서 일터의 새로운 문화를 만들 수 있었다.

나 개인은 그리스도인으로 나와 모두를 사랑하시는 하나님께 늘 깊은 감사를 드린다. 베드로는 공적인 일터 속에서 개인적인 믿음의 고백을 하려면 이렇게 하라고 가르쳤다.

"마음속에 그리스도만 거룩한 주님으로 모시십시오. 여러분이 가지고 있는 소망에 대해 묻는 사람들에게 대답할 말을 준비해 두십시오. 그들에게 공손하고 친절한 태도로 그것을 설명해 주십시오. 늘 바르게 살아가십시오. 그러면 그리스도 안에서 선하게 살아가는 여러분을 헐뜯는 사람들이 도리어 부끄러움을 느낄 것입니다."(벧전 3:15-16, 쉬운성경)

우리는 이렇게 하나님 나라를 이 땅 위에 건설하는 작은 사례를 만들어 나갔다. 그것은 '준법경영'을 넘어, 세상의 많은 '경영기법'을 넘어, '아무도 금지할 법이 없는 하나님의 법'을 따르려 애쓴 것이다.

'경영학을 공부하는 이유'

회사의 경영 사례들이 새로운 글로벌 경영이론들의 실천 사례로 주목받게 되면서 오랜 기독교 전통의 대학에서 초청받아 회사의 사례를 여러 해 동안 학기 말에 한 차례씩 나누게 되었다. 회사와 사원, 고객, 사회, 환경에 모두 유익을 주는 비전과 그 실제에 대한 것이었고, 그 중심에는 사람의 가치가 있었다. 강의 후 소감을 들으며 매번 놀라게 되는 것은 그 똑똑하고 멋지게 자란 학부생들 상당수가 학교에서는 이런 메시지를 들어본 적이 없다는 것이었다. 이들 중에는 유일한 선생님의 이야기를 처음 듣고 충격을 받아 "내가 왜 경영학을 공부해야 하는지 이제야 그 목적을 처음으로 알게 되었다"고 고백하는 학생도 있었다.

경영대학원의 특강에서도 마찬가지였다. 이들은 재무, 마케팅, 인사 등 경영의 전문 분야의 엘리트들로 회사에서 두각을 나타내어 보내준 사람들이다. 강의 시작에 이런 질문을 하였다. "여러분은 회사에서 사람을 사랑하는 일에 얼마나 성공하고 있는지요?" 처음에는 무슨 말인지 금방 알아듣지 못하던 이들도 강의 끝에 가서는 마음속에 오래 묻어두었던 것이 생각나는 듯 반응이 사뭇 달라져 있었다. '아, 나는 지금 돈 버는 전문가로 살고 있는 거구나. 내 모든 그림 안에 사람이 빠져있었구나.' 지금도 세계 공통으로 사용되는 재무제표로 기업의 실적을 보고할 때 사람의 가치는 다만 비용이나 부채로 인식되고 있다. 인건비로 지출되었거나 앞으로 지출해야 할 부채로 표현되는 것이다.

'유한킴벌리'의 이야기는 이솝의 우화 '황금알을 낳는 거위'의 비유로 설명할 수 있을 것 같다. 이야기는 이렇게 전개된다. 한 농부가 하루는 헛간에서 황금알을 발견하고 기뻐했다. 다음 날 그다음 날도 거위는 황금알을 낳았다. 점점 욕심이 생긴 농부는 어느 날 거위 뱃속에서 더디 나오는 수많은 황금알을 한꺼번에 가지고 싶어 거위의 배를 갈랐다. 알은 없었고 거위는 가엾게도 죽고 말았다. 농부는 후회했다.

이 이야기에 교훈이 있다. 어린이들에게는 "욕심을 부리면 후회한다"이다. 경영학과 '성공학'을 공부하는 사람들에게는 "황금알만 중요한 게 아니라 거위도 중요하다"이다. 거위를 잘 돌보고 건강한 환경을 만들고 기다려주었다면 '지속가능한 생산'이 되었을 것을. 그러면 거위도 살고 황금알도 얻고 농부도 성공했을 것을! 여기서 농부는 비즈니스의 경영자뿐 아니라 부모와 선생님들, 그리고 우리 모두에게 해당되지 않을까 생각한다.

그런데 나 개인에게는 또 하나의 교훈, 영적인 교훈이 있다. '죽임당한 거위'는 존재론적으로 우리 자신이고 'being'이고 생명이다. 황금알은 우리가 만든 물질, 'thing'이다. 하나님은 아브라함에게 "너는 복이 될지라(you will 'be' a blessing)" 하셨다. 물질이 많은 사람이 아니라 '네가' 복이라고 하셨다. 우리는 하나님이 '주시는 복'을 기다리기보다 하나님 '그분'으로 만족하는 것을 배워야 한다는 가르침을 받아왔다. 나의 묵상은 이어진다. 유대인들은 베드로의 설교를 듣고 자기들이 하나님이 보내신 아들 예수님을 희생시켰다는 사실을 깨닫고는 "형제들아 우리가 어찌할꼬" 하고 애통했다. 베드로는 그들에게 "너희가 회개하라"고 하였다(행 2:36-38).

일과 삶의 균형(Work and Life Balance)은 중요하다. 일이 삶의 다른 영역들의 희생 위에 있었던 시대를 극복하려는 우리는 이제 오히려 일이 있음으로 삶의 나머지 요소들이 함께 살아나게 하는 데 노력하고 있다. 일이 저주가 아니라 축복이 되게 하는 것은 사회 전반의 리더에게 주어진 책임이고 특권이다.

하나님과 사람을 진정 사랑하고 섬기려는 사람은 일터에서 사람을 일이나 물건보다 가볍게 여기지 않을 것이다. 사람은 하나님의 형상으로 지어진 존엄한 존재이지만, 나머지는 사람의 보호와 관리 아래 있는 사물이기 때문이다. 사도 바울은 사람을 사랑하지 않는 사람은 사실상 "nothing", 아무것도 아니라고 했다(고전 13:2).

일터와 복음전파

지금까지 비즈니스의 '본업'을 섬기는 이야기를 나누었다. 그러나 일터에는 공적 세계뿐 아니라 개인의 세계도 함께 있다. 리더는 동료들 개인의 영역에도 마음을 써 이해하고 격려하고 도와주어야 한다. 여기가 신앙의 공유와 복음전파가 일어나는 곳이다. 사도 바울은 제자 디모데에게 "너는 말씀을 전파하라. 때를 얻든지 못 얻든지 항상 힘쓰라"(딤후 4:2)고 권면하였다. 우리는 일터에서 복음을 '입술로도' 과감히 전해야 한다. 그러나 지혜와 분별력도 필요하다.

전무 시절 나의 부서에서 일하는 경력사원 '김 차장'을 전도하였다. 그는 열심히 일은 하였지만 늘 표정이 굳어있었고 사내에서 별로 호평을 받지 못했다. 어느 날 늦은 밤, 함께 퇴근하게 되어 엘리베이터 앞 복도에 서있었다. 이 사람에 대한 연민의 정(compassion)이 나의 입을 열어 말하게 했다. "사랑하는 김 차장, 김 차장은 지금보다 훨씬 나은, 아주 다른 삶을 살 수 있어요." 이렇게 시작한 대화는 내가 예수님을 믿은 이야기와 그도 나처럼 행복한 사람이 될 수 있다는 이야기에 이르렀다. 그의 눈에 눈물이 고이며 빨갛게 변해갔다.

그날 이후 그는 새사람이 되어갔다. 점차 밝은 얼굴로 바뀌며 전에는 멀리해오던 나에게 먼저 다가왔다. "그 책 말씀이지요, 제목 좀 가르쳐 주세요." 하며 내가 소개한 닥터 답슨의 가정에 관한 책 "Straight Talk"를 물어왔다. 그 책만큼은 내가 특별히 원서를 주문해 그에게 선물했다. 그는 얼마 후 인사부장이 되었고 이사로 승진했다. 사람들을 사랑하고 자기 방에 성경을 여러 권 준비했다가 기회가 되면 선물하곤 하였다.

그날 밤 내가 "사랑하는 김 차장"이라 한 것이 그의 모든 변화의 시작이었다. 나는 이 이야기를 언젠가 한 외부 모임에서 하나의 작은 사례로 나누었는데, 여러 해가 지나 두 권의 책에 실린 것을 알게 되었다. 하나는 직장 사역에 관한 책이고, 또 하나는 월간 묵상 책이었다. 두 책에서 모두 "사랑하는 김 차장"을 화제로 삼았다. 회사 '윗사람'이 직장에서 거의 상상도 할 수 없는 "사랑하는"이라는 말을 썼다는 것이다.

사내에서 사람에게 은혜롭게 다가가는 방법은 얼마든지 있다. 결혼 청첩을 받으면 늘 하듯이 '그리스도인의 결혼과 가정' 주제의 책 한 권과 예쁜 축하카드에 하나님 안에서 받을 축복의 기도문을 쓰고 축하금을 함께 넣어 잘 포장해 미리 선물한다. 그 후 달라진 그들의 얼굴에서 행복을 읽는다. 그중에는 몇 년이 지나 회사를 이직할 때 나에게 일부러 찾아와 그 책이 자기들 가정을 살렸다고 하는 사람들도 있었다. 결혼과 마찬가지로 사랑하는 사람을 잃는 슬품을 당한 사원들에게도 축하의 책 대신에 하나님 안에서 얻는 참된 소망과 위로의 소책자로 대신한다. 그중에도 특별히 가까웠던 사원들에게는 상당 기간 개인적으로 함께 아파해주고 돌봐주는 'PACE' 사역을 하였다. 사랑하는 외아들을 잃은 사원의 경우는 10년이 넘도록 본인과 아내의 안위를 묻고 위로하였다.

서양의 직장 문화가 계약으로 맺어진 업무 중심의 관계라면, 우리나라의 직장 문화는 사람과 사람 사이의 친밀한 신뢰 관계가 기본적으로 필요하다. 더 나아가 하나님 나라에서는 사랑과 이해와 존중으로 서로 섬기는 것이 그 문화이다. 그것은 예수님이 손수 우리에게 가르쳐 주신 것이다. 그리스도인은 이것이 몸에 배어 라이프 스타일이 되어야 한다.

회사를 은퇴하며

YK(유한킴벌리)의 경우 높은 경쟁을 뚫고 입사한 사원들을 환영하는 자리에서 문국현 사장은 '엉뚱(?)'하게도 "여러분은 어쩌면 여기에 잘못 들어왔는지도 모르겠습니다." 하면서 "여러분 선배들이 애쓰고 노력하여 '존경받는 기업'으로 불리도록 모든 변화의 즐거움을(피와 땀과 눈물을) 누렸는데, 여러분에겐 그 같은 즐거움이 얼마나 남아있을지 모르겠습니다. 오히려 더 많은 혁신의 기회를 가진 기업에 들어가 여러분의 열정을 가지고 10개, 100개의 또 다른 YK를 만들면 세상은 얼마나 좋아하겠습니까?" 하였다. 단순한 환영사를 넘어 "사회와 커뮤니티 속의 YK"라는 최고경영자의 진심이 담긴 격려이며 도전이다. 그 환영하는 자리는 비전 공유의 자리가 되었다.

이렇게 의미 있는 변화들을 이끈 문국현 사장이 사회로 진출해 새로운 섬김의 기회를 찾아 회사를 떠나게 되었다. 많은 사원이 사랑하고 존경하는 리더의 떠남을 섭섭해하며 앞길을 축복해 드렸다. 그리고 그와 함께 변화를 이끌었던 동료 겸 후배들이 그의 역할을 나누어 수행했다. 그중 연배가 높은 편이었던 나는 그동안 수행해 온 부사장 역할에 더하여 이사회 회장직을 이어 맡게 되었고, 임기를 마치고서 은퇴하였다.

내가 회사를 떠날 때도 동료들은 좋은 자리를 만들어주고 아쉬워해주었다. 마음속으로 의지했던 사람이 떠날 때 내가 가졌던 그 서운함을 이제 그들이 나에게 보여주는 것 같았다. 오랫동안 직접 일을 같이했던 형제와 동생 같았던 크리스천들은 더 그랬다. 떠나는 날 나는 그들에게 옳은 한마디로 축복하고 싶었다. 불현듯 예수님이 우리 곁을 떠날 때 하신 말씀이 생각났다. "아니야, 최 이사, 조 부장, 내가 떠나는 게 자네들한테 유익한 거야. 이제부터 여럿이 함께 리더가 되어 여기를 이끌어 가는 것이지. 그러면 나보다 훨씬 더 많은 것을 할 수 있어요."

나는 회사를 은퇴하며 한 경영전문지를 통해 회사를 이어갈 후
배 동료들에게 글을 남겼다. 하나님이 우리에게 주신 삶의 목적과
꿈과 사랑을 가지고 늘 성장하고 섬기는 삶을 살아내기를 원하는
나의 마음을 일반적인 경영 용어를 사용해 이렇게 전했다.

사랑하는 나의 동료들에게,

내가 한 직장에서 36년을 넘게 일을 하고 은퇴하는 것은 참으로
선택받은 사람의 축복이었습니다. 남을 섬기며 살기로 작정한
사람에게는 세상을 떠나는 그 시간까지 진정한 은퇴란 없다고 했
습니다. 내가 한 직장 안에서 뛰어온 것이 인생의 전반전이었다
면, 이제 이후로는 인생의 후반전을 밖에 나가서 자유롭게 그리
고 더욱 의미 있게 뛰고자 합니다. 그래서 인생의 하프타임이라
고 할 수 있는 요즈음 나는 지난날을 정리해 보고 나의 모든 자원
을 재점검해 보는 시간을 갖고 있습니다. 돌아보니 우리는 다 함
께 우리나라에서 가장 아름답고 존경받는 회사를 만들었습니다.
그래서 오늘 사랑하는 동료와 후배 경영인들에게 감사와 기쁨으
로 격려의 글을 쓰고 있습니다.

우리는 모두 꿈을 꾸는 '꿈쟁이들'이었습니다. 때로는 꿈이 너무나 커 고생도 많이 했습니다. 그러나 우리는 언제나 우리가 함께 꾼 꿈들이 어느새 다 이루어진 것을 발견하곤 했습니다. 우리는 언제나 작고 희미한 꿈 대신에, 크고도 확실한 꿈, 올바른 꿈을 꾸며 우리가 열심히 일해야 하는 목적과 방향을 정해나갔습니다. 우리가 함께 만든 비전은 선포하는 데에 그치지 않고 모두의 가슴 속에 살아 움직이는 비전이 되어 매일의 경영 속에서 우리를 이끌어 주었습니다. 그래서 우리는 몸만 사용하지 않고 머리와 가슴과 열정과 꿈을 가지고 일을 할 수 있었습니다. 이제 우리는 우리가 꿈꾸어 오던 바로 그런 회사를 만들었고, 우리 자신은 남을 위해 자신을 헌신하고 봉사할 수 있는 아름다운 사람들로 다 변해있습니다.

계속하여 '용기 있는 리더들'이 되십시오. 모든 위대한 성취의 과정에 놓여있는 고난의 학교를 우리는 다 함께 우등으로 졸업하며 용기 있는 리더들이 되었습니다. 우리가 지쳐서 포기하고 싶은 유혹을 느낄 때, 불의를 못 본 체하며 비겁해지려 할 때, 골리앗과 같은 상대 앞에서 두려워할 때, 이윤과 윤리, 욕심과 올바름이 충돌하는 지점에서 우회하려 할 때, 우리는 지체 없이 직진을 결정하고 앞으로 나아갔습니다. 우리는 이 세상이 가져다주는 그 어려운 시험지를 받아 들 때마다 언제나 올바른 정답을 씀으로

해서 우리의 후배들 모두도 덩달아 죄짓지 않고 의롭게 떳떳하게
살 수 있는 길을 열었습니다. 이렇게 하여 윤리경영과 투명경영,
신뢰경영의 터전이 닦이고 이것이 우리의 문화가 되었습니다.

'사람의 가치'는 아무리 강조해도 지나치지 않다고 했습니다. 사
원들이 가진 모든 잠재능력을 다 사용할 수 있게 하십시오. 우리
는 사람이 가지고 있는 자원을 셋으로 보았습니다. 손과 머리와
가슴, 이것을 3H(Hand, Head, Heart) 경영이라 하여, 몸만 사용하여
열심히 일하면 능력의 일부만을 사용하지만, 머리를 써서 일하면
능력의 절반을 쓰게 되고, 가슴까지 사용하면 능력의 100%를 쓴
다는 상식입니다. 많은 기업에서 지식경영을 통해 머리(head)까
지 쓰는 데는 성공하고 있지만, 신뢰를 기반으로 하는 조직의 리
더는 더 나아가 사람들의 가슴(heart)까지 다 사용할 수 있어야 합
니다. 가슴에 들어있는 것이란 이런 것들입니다. 일의 의미와 목
적, 건강한 정서, 높은 자존감, 책임의식, 주인의식, 참여의식, 감
사와 기쁨, 리더와 동료에 대한 신뢰와 사랑, 고객을 향한 헌신,
사회에 이바지하려는 마음, 남과 우리 모두의 성공을 기뻐하는
마음…, 이런 것입니다. 우리는 참으로 "3H 경영"의 실체를 경험
하였고, 그 확실한 열매를 거두고 있습니다. 그것이 바로 우리가
평생학습과 평생혁신, 참여적 리더십과 상생경영의 문화를 애써
이룬 이유였습니다.

'섬기는 리더'가 되십시오. 모두가 스스로 무한 책임을 지고 자신이 사장인 것처럼, 아니 사장보다 더 큰 비전과 열정과 책임을 가지고 회사의 리더들이 되십시오. 훌륭한 회사를 만드는 것을 넘어 사회와 나라의 리더들이 되십시오. 사회를 섬기고 사회의 지도자들과 함께 비전을 나누고 변화의 꿈을 나누며 협력하여 나라를 위해 공헌하십시오. 이것이 환경경영으로, 사회적 책임을 다하는 경영으로, 지속가능경영으로, 가족친화경영으로 우리가 앞서서 본을 보였던 동기였습니다.

경영자가 되기 이전에 '진실한 사람들'이 되어주십시오. 후배에게도 존댓말을 하고 청소하시는 아주머니 대하기를 어머니처럼, 누이와 여동생처럼 사랑하며 존대하십시오. 사람을 사랑하지 않으면 그 어떤 경영의 업적도 의미가 없습니다. 세상에서 사람의 가치가 물질의 가치보다 가볍게 다루어질 때 통곡하셔야 합니다. 이 일을 향해 자신을 내어놓아야 합니다. 이 일을 위해 꾸준하게 범상의 패러다임을 초월하여 대안을 제시하고 마음으로 설득하며 실현하여야 합니다. 위에 말한 모든 항목은 사람의 존엄을 높이고 사람의 가치를 확대하자는 우리의 진정한, 살아있는 인간존중의 가치관에서 나온 실증이었습니다.

끝으로 '자유의 사람'이 되십시오. 여러분의 승낙 없이 아무것도 여러분의 자유를 빼앗을 수 없습니다. 꿈이 있고, 용기가 있고, 진실하고, 끊임없이 배우며, 사랑이 많은 여러분은 진정한 자유인입니다. 언제나 외부의 유혹과 위협으로부터 자유하며, 또한 자신의 욕심과 무지, 편견, 증오, 이기심으로부터 자유하십시오. 다시 한번 당부합니다. 사람을 사랑하십시오. 여러분을 위해 기도하겠습니다.

이덕진

'일터 섬기기' 장을 마치며

나는 따로 '나라 섬기기' 장(章)을 이 책에 포함하지 않았다. 그러나 우리 남자들은 누구나 어떤 모습으로든 나라 사랑을 의무로 여겨 목숨을 바쳐 훈련했다. 남편과 아들과 형제를 군대에 보낸, 그리고 보냈던 아내들, 엄마들, 누이들도 다 같은 군인들이다. 우리에겐 뼛속 깊은 헌신이 있다. 나라가 위기에 처하면 금 같은 보물도 아낌없이 내놓는다. 나라를, 자유를 잃어보았기에 갈라졌다가도 더 큰 문제 앞에서는 하나가 된다. 그런 저력이 있는 나라다.

그리고 우리에게는 일천만 '그리스도의 군사'가 있다. 그들은 자신을 바르게 지키고 가정과 교회와 일터에서 그리스도의 마음으로 사는 사람들이다. 이것이 진짜 나라 사랑이다. 나라는 건강한 개인과 가정과 일터의 합이기 때문이다. 이들은 '그의 나라와 그의 의를 구하는 자들'이고 '형제를 위하여 목숨을 버리는 자들'이니 이보다 더 큰 나라 사랑이 없다. 믿는 자들은 나라 평화의 궁극적 보루이다. 좌로나 우로나 극단에 치우치기를 거부하고 진리의 길에 서기를 애쓰는 사람들이다.

우리는 모두가 같은 애국가를 부른다. "동해물과 백두산이 마르고 닳도록 하느님이 보우하사 우리나라 만세" 그 '하느님'이 어느 날 모두에게 '유일하신 하나님 아버지'로 고백되는 날을 당겨보자. 그리스도의 복음은 모두를 진정한 애국자가 되게 하는 최고의 권위 있는 훈련 교본이고 즐거운 소식이다.

이것이 일터 섬기기의 마지막 페이지이다. 이어지는 에필로그에서 이 책의 메시지를 정리해 드리려고 한다.

에필로그

○○○

에필로그

하나님은 잃어버린 나를 추적하셨다.

나의 신음을 들으셨다.

나를 위해 싸우셨다.

악을 선으로 바꾸셨다.

포도원에 불러주셔서 너무나 감사했다.

늦게 들어가 일하는 시늉만 했는데

눈 감아주시고 상급을 주셨다.

모든 게 은혜였다.

그것이 이 책의 이야기이다.

하나님은 완전 진실하시다.

완전 선하시다.

완전 아름다우시다.

그분이 진선미이시다.

인생은 이분을 발견하는 놀람의 연속이다.

나는 이 하나님을 사랑한다.

이것이 나의 예배이다.

하나님은 가장 좋은 분들을 뽑아 나를 축복하셨다.

아름다운 영혼의 어머니에게 낳게 하시고

신실한 아내를 내 동반자로

예수님 닮은 목사님을 내 목사님으로

둘도 없는 온전한 리더를 내 상사와 동료로 주셨다.

이들은 하나님 앞에 아름다운 사람들이었다.

예수님이 나를 먼저 사랑하셨다.

외롭게 방황하던 내 곁에서

예수님도 함께 우셨다.

나를 일으키시고 내 눈을 열어 주위를 보게 하셨다.

저들을 사랑하자 하시며 내 가슴에 그의 사랑을 심어주셨다.

이것이 내 섬김의 시작이었다.

내 아이 둘, 그들의 아이 둘

하나님의 자녀들

세상의 이름 없는 영혼들

불쌍한 김대리, 이차장, 박부장들

그들을 사랑해야지.

나는 종교인이 아니다.

하나님의 자녀이다.

그의 아들 그리스도의 형상을 본받기 원한다.

온전히 본받기 원한다.

너희는 내 얼굴을 찾으라 말씀하신 그분의 얼굴을

그리고 잃어버린 내 얼굴을 찾기 원한다.

인생의 깊은 가을의 계절에 와있다.

예수님을 조금이라도 더 알기 원한다.

그것이 한가지 내가 원하는 일이다.

내 주 그리스도 예수를 아는 지식,

이것 말고는 다 버리길 원한다.

이것이 하나님께서 내 인생에 은혜로 허락하신 구원과 성장과 섬김의 이야기이다. 진정한 행복을 누린 신앙생활의 고백이다.

그리고 앞서 나의 가정을 소개하며 언급하였던 〈어머니의 자녀 일기〉를 이어지는 부록으로 선물을 드린다. 거기엔 나의 개인적인 세계가 들어있다.

끝까지 읽어주신 여러분께 내 마음속 깊이 감사와 사랑을 전한다.

부록
어머니의 자녀 일기

○○○
어머니의 자녀 일기

지금까지의 기록은 내가 성인이 되고서 경험한 일이다. 이제 부록으로 그 이전, 성장 시절 나를 형성했던 특별한 유산들을 감사함으로 설명드리려고 한다.

사람은 태어난 가정에서 자기의 정체성과 세계관이 형성된다고 한다. 처음부터 나를 부드럽게 안아준 엄마의 품과 눈을 뜨고 처음 마주하는 사랑의 눈길이 나를 '사랑받는 자', '세상이 좋아하는 나'로 오래 기억하게 한다고 한다. 이렇게 자란 아이는 복이 있다.

나는 대부분의 다른 사람들에게는 없는 귀한 유산을 물려받았다. 어머니가 작정을 하고 써서 남긴 사랑의 기록이다. 어머니의 자서전 겸 여섯 자녀의 성장일기이다. 1930년대로 거슬러 올라가는 노트 속 기록들은 나라가 해방되어 서울로 황망히 내려오던 노정과 그 후 한국전쟁 중에도 어머니가 생명처럼 간직하고 기록해 왔던 사랑의 책이다. 성경을 사랑하고 글과 음악을 사랑했던 어머니의 기록을 읽다 보면, 성경의 창세기와 역사서, 시편, 잠언의 한 부분을 보는 것 같기도 하고, 다시 볼 기약 없이 아이들을 멀리 보내야 하는 마음은 아가서의 한 부분을 보는 것도 같다.

어머니는 봄날 마당에 핀 꽃들을 기뻐하며, 라디오에서 흘러나오는 음악에 감사하며, 무엇보다 바쁜 살림 중 의지적으로 시간을 내어 이 일기를 쓰셨다. 아이들이 성장하는 모습을 보는 즐거움과 훗날을 위한 권면과 드물게는 책망하는 말까지 기록하였다. 어머니 자신의 잘못에 대한 아픔도 기록하였다. 노트 한 곳에는 어머니의 눈물자국이 선명히 남아있다. 그러나 무엇보다 주님의 깊은 사랑을 사모하며, 그 사랑이 아이들 평생 함께하기를 바라는 간절함이 전체 행간에 배어있다.

어머니는 30년 동안 양질의 노트에 만년필로 기록해 온 이 글들을 다시 원고지로 옮겨 언젠가 한 권의 책으로 만들어지길 원하셨다. 그러나 원고는 출판으로 이어지지 않고 나의 집 한쪽 구석에 오래 보존되어 있다가 몇 해 전 마침내 나의 손으로 컴퓨터에 넣어 '가족 한정판' 바인더 북으로 만들어 가족에게 나누어줄 수 있었다. 어머니가 원했던 대로 식구들 손에 들어간 것이다. 목숨을 걸고 쓰섰고, 아이들이 어머니 품을 떠날 때 보물로 손에 쥐어줄 책이라 하였다.

제법 분량이 있다. 나에게는 한 부분도 뺄 수 없는 귀중한 글이지만 이 책의 독자들을 위해서는 의미 있게 편집해서 정리해 드리는 것이 맞을 것이다.

열두 눈동자

어머니는 원고의 제목을 〈열두 눈동자〉라고 붙이셨다. 자신의 귀한 자녀 여섯의 눈동자를 합한 숫자이다. 어머니는 1914년생이고, 1968년에 돌아가셨다. 함북 회령에서 서울의 기독교 학교 이화고녀에 '유학'을 왔다. 집안의 반대에도 무릅쓰고 단식투쟁 끝에 이 학업의 뜻을 이루었다. 그래서 비교적 이른 시기에 서구문화를 접할 수 있었다. 서울 집안의 아버지와 결혼하여 아들 셋, 딸 셋을 낳았다. 나는 그중 막내이다. 일생을 전통문화와 현대문화의 갈등을, 일제 치하에서 전쟁과 광복을, 이후에 한국전쟁과 수복을 겪었다. 우리나라의 경제부흥을 보지 못하고 하나님 품에 안기셨다.

*****

어머니는 글 머리에 자신의 출신과 글을 쓰는 이유를 말하는 것
으로 시작하였다. 성경의 서신서가 시작하는 것 같다.

> 나일강의 오랜 정기를 빨아들여 비옥한 애굽 땅과 같이 나의 고
> 향도 두만강의 거센 물결에 물들여 그 고장에 사는 사람들은 모
> 두가 양극을 좋아하는 인물들이 많다. 그러기에 예술인들이 많
> 은 것도 사실이다. 나도 그러한 성격을 선천적으로 타고 났다고
> 하는 것이 나의 거짓 없는 고백일 것이다.
>
> 꼬집어 말할 수는 없으나 나에겐 신념이 있었다. 그것은 내가 나
> 이 들면서부터 적어 온 일기와 결혼 후 아이 여섯을 낳아 기르는
> 동안에도 그것을 계속했고 아이 여섯에 보육기를 한 노트에 적어
> 각자 장가가고 시집가는 날 주는 것이 어머니로서의 성의라고 나
> 는 생각하여 지금까지 30년 동안을 적어 온 것이다. 물질적 유산
> 은 없어도 이 책 한 권씩 그들에게 주는 것이 가장 귀할 것이라고
> 나 혼자 생각한 일이고, 그것을 행해왔다는 일이 나 스스로 고마
> 운 일이다.
>
> 일제 때 만주에서 살다가 두만강, 38선을 넘어오면서도 이 책들
> 만은 간직하고 왔으며, 6·25 때 피난에도 그것만은 나의 가장 귀
> 중한 가보처럼 간직하고 다녔다.

앞으로 아이 여섯에 대한 보육기라 할까, 성장기라 할까 써보고 싶은 마음이다. 이것은 나와 같은 가난한 봉급생활하는 사람이면 다~ 알 수 있는 일일 것이다. 그러기에 어머니가 자식을 사랑하는 마음의 표시라도 남겨주고 싶었고, 지금도 나는 그것을 계속하고 있다. 이것이 언제까지 계속될 것인지 의문이 생겼기에 종합적으로 사실적으로 쓰고 있다.

어머니는 고향 산천을 아름다운 시편처럼, 위대한 하나님 창조의 손길처럼 그렸다. 사계절을 다 사랑하셨고 더운 여름을 하나님의 열정이라고 하셨다.

그리고 추운 시기가 오래긴 하여도 춘하추동의 차가 확실하다. 개성이 또렷한 인간처럼 봄은 정말 화창하고 따뜻하고 여름은 또한 무덥고 여름 밤 하늘의 별들은 남쪽보다 더 아름답다. 여름 밤 하늘을 뒷곁자리에 누워서 쳐다보면 별들이 하도 가까이 보여서 소리 지르면 솨르르 쏟아질 것만 같다. 가을은 애상을 가득 품은 채 낙엽이 진다. 겨울은 얼마나 좋은지 남쪽에선 상상도 못할 아름다운 계절이다. 첫눈이 나린 것이 봄에까지 쌓여 온통 은세계이다. 추녀 끝에 고드름들!

어머니는 긴 세월 동안 역사적 배경 속의 가족을 기록하였다. 성경의 역사서를 보는 것 같다.

1945년 대동아전쟁 4년째에 들어 일본 공습이니 궁성 일부, 명치신궁도 공습당했다고 한다. 내각도 갈리고 이때 미국에선 루즈벨트 대통령이 뇌일혈로 넘어졌다고 했다. 8월 초일 청진 지방의 공습으로 안심할 수 없어 준(맏아들)은 일단 연길로 데려왔다. 사람이 살아야 공부도 할 수 있으니 일가가 함께 모이기로 한 것이다. 소란한 중에도 오래간만에 7인 식구가 한데 모이니 안심이 되었다. 각각으로 심해오는 국제 정세에는 놀래지 않을 수 없었다.

이러던 중 8월 9일에는 연길시가 밤중에 공습을 당했다. 시민들은 떠들고 진정하기 어려웠다. 이러는 중에도 준은 청진에서의 경험이 있어 유유히 행동을 취했다. 15일에는 할 수 없이 산 중에 소개(疎開)를 하였다. 토굴을 파고 두 밤을 잤더니 벌써 15일에 일본이 미국에 항복했다고 하였다. 이날에는 벌써 소련기가 하늘에서 나르고 있었다. 18일에는 걸인 행색의 소련군이 시내를 행진하며 만세를 불렀다. 우리 동포들도 백의 옷을 갈아입고 소위 해방이라고 만세 부르고 몰려다녔다.

그러나 나는 진짜 해방인지 뭔지 도무지 실감이 나지 않아 집안에만 앉았었다. 우리는 묵묵히 있다가 다음 해인 1946년 3월에 만주를 등지고 청진에 나올 수 있었다.

어머니는 집안에 복음이 들어온 내력을 기록하였다. 우리나라 개화 초기 첫 성경이 함경도에 전해진 이후 시작된 믿음이 나의 외할머니 오형옥, 어머니 김혜선에게로 전해졌다. 그리고 어머니가 1920년대 홀로 서울의 미션 스쿨에 입학해 복음과 함께 기독교 문물을 익힌 것이 후대인 나와 나의 손자에까지 이르렀다.

난 보육기를 적기 전에 나에 대한 이야기를 좀 써야할 것 같다. 시골이고 홀어머니 슬하였으나 그때 소위 지주라 하여 논마지기가 있었기에 소학교를 마치고는 나의 억지로 서울 E 고녀에 입학하게 되었다. 허다한 무리를 무릅쓰고 또한 가족회의(백부, 고모 등) 끝에 절대 반대였으나 어머니는 못 이기는 체 날 보내고 싶었고 나는 며칠씩 금식하면서 떼를 부려가며 상경했던 것이다. 그때만 해도 서울 유학이란 퍽 힘든 때였다(약 30년 전). 일생을 통해 제일 아름다웠던 때일 것이라고 믿지만 진선미(眞善美)의 상징인 E 고녀는 그때 나에게 너무나 큰 기대와 즐거움을 주었다.

그 젊은 여성이 영적으로 어두웠던 한 집안에 들어와 믿음을 지켰다. 딸 셋을 모두 같은 미션 스쿨로 보내었다. 남편을 설득하여 자신의 모교로 보내었다. 그리고 세 아들에게도 믿음을 전했다. 그 중 막내인 내가 이 책을 쓰게 되었다. 둘째 딸 덕원은 이 책에 소개드린 〈하나님의 가발 가게〉 주인이다. 아래는 셋째 딸 이야기다.

1953년 3월 6일, 그는 대구 국민학교 제일 꼬마로 졸업했다. 참 감개무량하다. 3월 16일 국가시험 날이다. 아버지는 경자는 K 여중에 보낸다고 했으나 언니들의 반대와 나의 고집으로 역시 E 여중에 지원했다. 입학식 날 광경을 써 보낸 글을 보니 그가 제일 꼬만 줄 알았더니 두 번째라고, 이제는 1번은 면했다고 좋아 야단이었다. 1학년 매(梅)반이라고 하였다.

그러고는 일생 한 남편의 아내로 살았다. "또 여자에게 이르시되 … 네가 수고하고 자식을 낳을 것이며 너는 남편을 원하고 남편은 너를 다스릴 것이니라." 창세기 3장 16절에, 아담 부부에게 하신 말씀은 예외 없이 어머니에게도 적용되었다.

나는 그곳에서 유지들의 권고로 지금의 H(남편)와 약혼을 하게 되었다. 그러나 어머니는 최초 퍽 반대하였으나 내가 멋도 모르고 그저 처음 보아서 호감(퍽 냉정했다는 점)을 가질 수 있었기에 나는 대담하게도 승낙했기 때문에 어머닌 할 수 없이 따라간 셈이다. 이유는 퍽 많았다. 서울 깍쟁이고, 7남매의 장남이고, 기독교를 안 믿고, 가난하고, 뭐 조건이 많았으나 그때 내 생각은 그런 점엔 조금도 구애되지 않고 결혼이란 중대한 일을 치루고 말았다. H 는 은행 계통에서 일하고 옛날 월급이라야 쥐뿔만큼이나 한 것을 가지고도 나는 조금도 불평을 느끼지 않았다. 초가였고 남들이 수근거렸으나 본인은 하등의 욕심이 없었다.

어머니는 아이들의 출생 이야기를 자세히 기록하며 그때마다 아이를 축복하였다. 해산의 고통과 새 생명의 경이와 한 여자에서 어머니가 되는 순간을 기록하였다.

덕준; 1935년 9월 27일(음 8월 30일) 오전 11시 30분! 고국을 떠나 만주국 간도성 도문시에서 힘찬 울음소리와 함께 그는 남자로 이 세상에 나왔다. 그때부터 이 몸은 소위 어머니가 된 것이다. 그의 힘찬 소리와 함께 몸의 괴로움과 아픔은 다~ 일소한 것 같았다. 의사의 말이 퍽 건강한 아이라고 했지만 초산이라 그 보잘것없는 핏덩어리 같은 것이 건강한지 어떤지 나는 잘 수긍이 안 갔다(내 나이 22세).

덕희; 만 4개월이 되는 1938년 5월초에는 퍽 어린애 모양도 나고 사람을 그리워하고 잘 놀았으나 나를 닮았는지 얼굴이 몹시 희고 파리하게 약한 편이었다. 이렇게 곱다랗게 길러 그를 무엇을 할 사람으로 만들까 하고 그것부터 생각했다. 여자이니깐 음악가, 혹 여의사 하고 나는 공상을 한다. 널따란 강당 한구석에 놓인 피아노를 앞에 놓고 늘어놓는 멜로디가 흐를 생각도 하고, 또한 메쓰를 든 백의의 천사 같은 모습도 그려 보고 희를 사랑했다. 모든 것이 나에겐 꿈같기만 했다. 어떻게든지 한 사람의 완전한 인간으로 만들어줘야겠다고 생각하니 마음만 급하다. 8개월이 되니 위에 견치 두 개가 나서 모두 여섯 개가 되었다. 9개월이 되니 기도드리는 흉내도 내고 짝짝꿍이도 하였다.

덕원; 1939년 10월 18일(음 8월 24일) 만주 연길에서 오전 9시 반에 났다. 세 번째이고 몸이 퍽 쇠약한 까닭에 나는 퍽 힘들게 해산했다. 힘이 모자라 죽는 줄만 알았다. 그러나 나는 순산을 할 수 있었다. 역시 딸이었다. 서운하다기보다는 오히려 갓난애기를 위해 더욱 마음이 아팠다. 여자이니깐 이 고통을 그도 장래에는 겪어야 할 것이 제일 안타깝다. 후진통은 더욱 사람을 괴롭게 했다. 주기적으로 오는 아픔이란 여자가 아니고는 맛보지 못할 아픔이다. 나는 속으로 성경의 창세기의 '이브' 생각을 했다. 왜 죄는 지어가지고 여자는 해산하는 고통을 받게 했는가고! 그러나 이러한 괴로움도 어린 것을 쳐다보면 잊을 수가 있었다. 울지도 않고 퍽 쉬운 편이다. 젖만 먹으면 잠만 잤다.

경자; 1942년 6월 26일(음 5월 13일) 외할머니 댁에서 오전 4시 반에 탄생했다. 여자 둘 낳으면 셋을 낳는다는 미신이 있었지만 여자가 나와도 그리 섭섭하지는 않았다.

덕윤; 1944년 12월 22일 연길에서 오후 5시에 탄생하였다. 다섯 번째 당하는 고통이다. 참으로 사람은 모질고도 무서운 동물인 듯하다. 더욱 나는 더 한 것 같다. 고통 중에도 남자라고 하니 안심은 했으나 나는 극도로 쇠약했다. 오래간만에 남자라고 낳으니 첫 애기 낳았을 때보다 더 즐거워들 했다. 이것도 사람의 욕심일 것이다. 퍽 큰 아이였다. 아버지는 남자가 둘이 됐다고 야단이다. 남자가 왜 좋은지 나도 모르게 안심은 했다. 아버지 34세, 나는 31세였다.

덕진; 1947년 2월 12일(음 1월 22일) 오전 6시 반 서울 회현동 1의 100호에서 우렁찬 울음소리와 함께 세상에 나왔다. 피난중에 있고 더욱 뱃속에 그를 넣고 38선을 넘고 걸어도 아무 이상이 없었기 때문에 나는 꼭 여자일 줄만 알았더니 남자였다. 힘든 해산이었으나 순산이었으니 다행이다(34세). 가족들의 기쁨은 말할 수 없었다. 나는 3남 3녀의 다산을 한 것이다. 여섯 번째였으나 남자라는 조건으로 그는 무척 귀염을 받을 수 있었다. 두 달이 지나 웃었고 7개월이 되니 기었다. 8개월에는 상을 짚고 설 수 있었다. 9개월이 되어 닭을 보면 '우~ 우~'하고 소리내고 퍽 순하고 기르기 쉬운 아이였다.

어머니는 어린 아들을 교양과 훈계도 하였다. 비뚤어진 행동을 교정하였다. 신명기와 잠언의 가르침이다. 어머니는 훗날 어린 아들의 아내가 될 한 여인의 행복을 미리 걱정하셨다.

덕준; 성장하면서도 성미가 무서웁고 까다로워 나에게 많이 볼기를 맞았다. 그리고 나는 H에게서 받는 성질상의 고통을 생각할 때 더욱 그에게 그러한 버릇을 고치려고 했다. 그러고 먼~ 후일 어떠한 여자 하나가 나와 같이 울고 고통받아야 할 것을 생각할 때 걱정이 된다. 이러한 점에서 진정으로 그의 고집과 까다로운 성미를 죽이려고 퍽 고심했다.

어머니는 음악을 사랑하고 음악이 흐르는 집을 만들었다. 음악은 어머니 삶의 한 부분이었고 가정의 분위기와 정서를 풍요케 했다. 어머니는 시와 음악과 기도가 들어있는 시편을, 특히 다윗을 좋아하셨다.

사람이란, 더욱이 나는 얼마나 이기적인지를 알 수 있다. 드볼작의 '신세계'를 들으면 어느 때는 참말 '보헤미안' 하늘이 그리운 것처럼 애처롭게 들리지만, 내가 퍽 기분이 좋을 때 들으면 그것이 얼마나 명랑하게 들리는지 알 수 없다. 반생을 넘어 산 이즈음 그것을 겨우 알게 됐으니 아이들이 가엾은 일이다. 그러나 그런 가정 속에서 아이들은 무럭무럭 자라고 있으니 하나님께 감사드릴 수밖에 없다.

1941년 (4월 12일) 준이 일곱 살 나든 해에는 왕청(汪淸)이라는 곳에 아버지의 전근으로 이사를 하게 되었다. 연길보다 시골이지만 마침 학교 근처에 집을 얻게 되어 매일 학교 교정에서 살고 있었다. 하루는 내가 방에 있는데 밖에서 처량하게 슈만의 '트로이메라이'를 휘파람으로 들리기에 내가 보았더니 준이 흙장난하면서 신이 나서 부르는데 하도 귀하고 장하여 나는 숨어서 듣기만 했다. 준은 수줍음이 많아서 사람 앞에선 그렇게 잘 할 수 없었다. 우리는 한 가지 취미라곤 빅타~ 축음기에 명곡 여러 장이 우리의 생활을 윤택하게 하여주었다.

피난 시절의 고통과 절망을 기록하였다. 그리고 때마다 위기에서 구원하시는 하나님께 감사하였다.

1950년 6월 26일 북한에서 우리 남한에 침입하여 소위 공산군은 28일 서울까지 점령하였다. 우리 일가 아홉 식구(시모까지)는 갈 곳이 없이 집에서 이 난을 당하였다. 좌니 우니 하여도 그렇게까지 간격이 있을 줄은 몰랐다. 그들이 들어온 지 1개월이 못 되어 우리는 반동분자라는 동회 명부에 올랐고, 식량도 여분이 없고 우리는 참으로 한심한 날들을 보내었다. 아이들도 보리밥으로 지냈고 아버지는 마루 밑에서 석 달을 지냈으니 그들이 얼마나 무서운가를 알 수 있다.

이렇게 석 달을 지나고 9월 28일 국군과 유엔군이 다시 서울에 들어오니 우리의 기쁨이란 헤아릴 수 없었다. 그러나 우리 약소 민족의 슬픔은 이것으로 끝이 아니고 12월 11일에는 다시 후퇴령이 내려 우리는 아버지만 남기고 인천에서 '삼랑진호'라는 (LST) 큰 배를 타고 진해에 소개하게 되었다. 지난 3개월은 거짓말로 지났으나 이제는 좌우가 딱 갈린 판이니 할 수 없이 가기는 가나 배 속에서 나는 생각했다. 여섯 아이와 나와 이 황해에 차라리 몸을 던져 죽고픈 생각도 들었다. 그러나 하나님은 그곳에서도 버리지 않으셨고 우리는 진해까지 바람 하나 없는 항해를 할 수 있었다. 진해에는 해군인 작은 아버지가 있었다. 많은 가족들이 함께 있었다.

어머니는 아이들의 기질과 은사를 관찰하고 그것을 축복하였다. 첫아들의 '돈키호테' 같은 고집과 엉뚱함, 첫딸의 타고난 음악적 소질과 꾸준함, 둘째 딸의 곧은 성품과 영성으로 어머니와 '소울 메이트'가 되었던 사이, 셋째 딸의 명랑하고 건강한 몸과 마음, 인정 많고 예술가적 기질을 타고난 둘째 아들, 그리고 사랑하는 막내인 나이다. 태어난 순서대로 몇 군데를 소개드린다.

덕준; (초등학교) 아버지는 역에서 표를 사가지고 기다렸다. 우울한 표정의 모자를 보고 쓴 웃음을 짓는다. 차가 떠날 때 나는 돌아서서 울고 말았다. 이 쓰린 이별이 헛되지 않고 그가 커서 이날 엄마의 심정 알아주기를 바라고 또한 나는 나의 하나님께 빌었다. "하나님은 오래토록 나와 나의 가족을 버리지 마시라"고 잠자리에서 늘~ 하는 버릇이다.

(고등학교) 6월 16일에는 다시 대구 USIS 주최로 영어 웅변대회에 다시 나가게 되어 대구 문화극장에서 하게 되었다. 장소도 전보다 크고 관중도 많고 부산서 아버지도 왔고, 퍽 긴장한 장내였다. 이번에는 일등을 했다. 이등은 서울고교, 삼등은 이화고교생이었다. 역시 즐거운 날이다. 꽃다발과 상으로 라디오와 현금 십만환을 타왔다. 학교(경기고)를 위해 또한 본인과 가정을 위해 즐거운 날이 아닐 수 없다.

덕희; 새해가 되어 17세가 되었는데 음악에 대한 열정이 심하여 피아노는 불가능하지만 바이올린을 사달라고 했으나 경제도 그렇고 아버지가 '예술'에는 전연 반대파니깐 퍽 힘든 일이다. 그러는 중 3월에는 중학을 나오고 고등부에 들어가는 시험도 무난히 되었다. 그러나 음악에 대한 욕심은 버리지 못하고 안용호 선생님께 바이올린을 시작하게 되었다. 아버지는 할 수 없이 허락한 모양이다. 부산에 있는 동안 그가 참말 무엇을(음악) 전공해야겠는가를 깨닫고 선생님들과 상의한 결과, 결국 첼로를 하게 되었다. 그는 손이 남보다 크고 특히 손가락이 길어 첼로 치는 조건에 합당하다고 했다. 첼로는 좀 비싸다. 아버지 몰래 나는 결혼 가락지를 팔아서 5만환 주어 첼로를 하게 되었다. 전(全) 선생님께 개인 지도로 여념이 없다. 약 1년을 그는 참말 놀랄 정도로 잘했다. 1954년 10월 전국 남녀 중고등학교 음악경연대회에 첼로부 일등을 했다. 시공관에서 발표회가 있었고 시계와 상장을 탔다.

1956년이 되니 그는 더욱 분주했다. 2월 25일에는 서울 예고 졸업 연주를 서울대 강당에서 열게 되었는데 졸업생들의 각과 실기 발표였으니 그도 독주를 하게 되었다. 특수한 악기인 까닭인지 사람의 이목을 많이 끌었다. 조(趙)양의 피아노 반주도 좋았고 그 순간만은 모~든 괴로움을 잊을 수 있었다.

3월 2일부터는 서울대 음대에 수험하였다. 학과는 별로 신통치 않으나 전공과목이 좋은 점에서 합격이 되어 그는 대학생이 되었다. 다른 가정에선 흔히 있을 일이지만 우리 가정에선 대학이란 여자로서 처음이고 나의 희망 속의 한 가지 염원을 이루고 보니 퍽 기꺼웠다. 본인은 여대생이라는 행복스러운 위치에 서게 되었다. 이것저것 필요한 것도 많았으나 아버지는 의외로 희의 말을 잘 들어주었다. 이렇게 자식들에게 대한 사랑과 희망에 찬 20여 년이 지나는 요지음! 조건이라고는 별루 나쁠 것도 없으나 나는 웬일인지 전과 같지는 않다. 그가 커감에 따라서 나와의 거리가 생기는 것 같다. 그것은 연령이 그러한 때라고는 하지만 마음이 허전한 이즈음 퍽 쓸쓸한 일이다.

이렇게 꾸준히 노력하여 57년 11월에는 '일반 음악 콩쿠르'에서 각 부문을 물리치고 그는 특상을 타게 되었다. 시험적으로 나가기는 했으나 등수에 들리라고는 생각도 안 했고 바라지도 못했던 일이라 나는 얼마나 기꺼웠는지 이루 말할 수 없다. 시공관에서 여러 선생님들의 엄정한 심사였다고 하였다. 본인은 물론 선생님들과 또한 그렇게 반대하던 아버지까지 시상식에 먼 곳에서 왔으니 하나님이 한 일이다. '쌍 쌍'의 첼로 협주곡이었다. 나는 그에게 그 후 이런 말을 하였다. "네가 운이 좋아서 입상한 것이고 네가 참말 자격이 있는 것은 아니라고." 앞으로 공부하는데 조그마한 자부심도 갖지 않도록 일렀다. 그도 그것을 잘 알고 그 후는 더욱 열심히 했고 희의 방에서는 자주 첼로 소리가 들려온다.

KBS에도 자주 나갔다. 독주회나 해보고 싶다는 생각에서 여름 동안은 더위를 무릅쓰고 연습도 했다. 11월 16일 국화꽃 향기 그윽한 가을! 늘~ 그리던 염원을 풀 날이 돌아왔다. 서울의 거리는 음악의 계절을 장식하고 있다. 그중의 한 사람의 음악인으로서 그는 독주회를 가질 수 있다는 것이 어느 모로 보나 다행한 일이었다. 시내 곳곳에 붙은 희의 포스타~를 보면 나는 마음이 음칠했다. 저것이 정말 나의 딸인가고! 나는 그를 낳기는 했어도 저렇게 할 줄은(실현되기 어렵게 생각했다) 몰랐다. 맑게 갠 포근한 가을의 깊은 밤! 원각사에서 자기의 예술을 발표할 수 있었다. 여러 선생님과 선배들과 동지들 앞에서 무난히 여러 곡을 끝낼 수 있었다. 바흐, 베토벤, 하이든, 쌍 쌍 등의 곡이었다. KBS 단원들께서 반주해 주셨고 특히 무반주 때는 혼자서 장내를 염증 안 내고 끌어갈 때 나는 2층에서 마음이 초조했다. 협주를 해줄 때는 조금은 안심이 된다. 내려다보고 듣고 있는 나의 마음은 천 갈래 만 갈래로 복잡했다. 끝내 예술을 할 수 있는 열과 환경이 계속되기 바란다.

대학 시절을 장식한 여러 날들이 지나고 60년은 찾아왔다. 오늘도 따스한 봄날이다. 희의 방에서 첼로 소리가 들려온다, 나는 다른 음악을 듣다가도 그 소리만 나면 다~ 집어치운다. 그것이 연습곡이라도 그것을 듣는 순간이 가장 모녀 사이가 가까운 서로 무언의 정을 표시하는 시간이다. 희도 내가 자기 음악을 가장 사랑하는 줄 안다. 어느 악기보다 그것이 제일 좋다. 어느 깊은 숲속에서 은은히 들리는 듯한 유현(幽玄)한 그 음은 나를 얼마나 생각에 잠기게 하는지 알 수 없다. 그 음악을 들으면서 나는 생각한다. 며칠 후 졸업하고 외국이 아니면 출가라도 해야 될 것이라면 희와 함께 살 수 있는 시간이란 그리 오래지 않을 것을 생각하면 이 시간이 더욱 아까웁다.

덕원; 9월에 6학년이 되었다. 원이도 후학기에 들어서 더욱 노력하는 대신 반에서는 바른말 하기로 유명했고, 어느 때는 선생님이 점심시간에 약주 좀 마셨는지 얼굴이 붉은 채 오후 시간이 시작하여 원이 보고 질문을 했더니 "선생님 약주가 깨면 대답하겠다"고 해서 그 후 선생님이 날 보고 선생 노릇 몇 년 만에 처음 혼났다고 하였다.

중학교에 무난히 입학하였다. 역시 E 교에 등록하여 언니와 함께 부산에서 다니게 되었다. 전학기 공부는 의외로 잘했다. 그는 퍽 노력가이다. 방학에 와선 일을 많이 했다. 동생 윤을 퍽 많이 사랑했다. 자식 여섯이 나에게 꼭 같은 권리로 내 옆에서 살고 있지만 원이를 생각할 때 딴 자식보다 더욱 마음이 끌리는 것은 편견임에는 틀림없으나 피할 수 없는 사실이다. 그 이유를 구태여 밝힌다면 첫째 약한 것이고 우정이 있다. 부모 자식 사이에도 일이 사랑이라고 했듯이 그는 자기 힘에 벅차도록 나를 도와준다. 그러고 예리한 그의 성품, 흑백을 잘 가리는 그런 점이 나를 사로잡고 있다. 여학생 옷을 입은 그는 귀여움의 상징이다.

'생과 사'에 대한 이야기가 자주 나오고 죽음이란 것이 제일 행복하다고도 했다. 그는 책 읽기에만 열중이다. 책은 읽어도 어느 정도 이해하는 것은 잘 알 수 없으나 퍽 많은 책을 읽는다. 1956년 18세가 되었다. 고2가 되고 나는 원이를 교회에 나가도록 힘썼다. 말을 잘 듣는 편이라 잘 나가고 있다. 57년은 고3 졸업반이다. 꾸준히 공부하고 있다. 색다른 취미와 자기 주장 속에서 잘해가고 있다. 58년 3월에 졸업하고 4월엔 E대 F어 과에 입학하여 여대생이 되었다.

그러던 중 내가 이렇게 누워있으니 그는 퍽 걱정을 했다. 옛날로 돌아가 나의 심부름은 전부라고 할 수 있을 정도로 다 하고 있다. 학교 가기 전에 다~ 끝내고 간다. 기나긴 밤 잠이 안올 땐 그를 불러서 이야기를 해도 그는 조금도 싫어하지 않고 듣고 있다. 전일에는 롱펠로의 '에반젤린' 이야기가 나왔다. '에반젤린'처럼 가냘프고 고생을 모르고 자랄지라도 그와 같은 지조와 강함이 여자에게는 꼭 필요할 것이라고 했더니, 그의 대답이 그건 벌써 옛날식이라고 하는데 과연 무엇을 뜻하는 것인지 나는 알 수 없다. 앞으로 틀림없는 여자가 되길 바란다.

경자; 1943년 12월 22일 남동생을 보니 한편 좋아하고 한편 퍽 적적해하였다. 그날 밤 삼촌이 오셨더니 "나는 이제 다~ 틀렸다"고 그래 무엇이 틀렸는가 하니 "엄마 옆에서 자는 것이 다 틀렸다"고 하여 모두들 웃었다.

언니들보다는 어학이 능하여 외국인과 만나도 곧잘 알아들었고, 대학 3학년에서는 영문 책도 잘 읽고 역시 불문학이라 실존에 대한 책들을 많이 갖고 다녔고, 4학년이 되어 작은 언니를 졸업시키고 혼자 다녔고 언니가 출가 가는 날도 그의 시중을 들어주는데 언니 체구보다 엄청나게 더 크다. 이렇게 1963년 2월 25일 따스한 초봄날 그는 여학사라는 자격으로 졸업하게 되었다. 문리

대를 표징하는 사각모자의 녹색 줄은 다른 과 색보다 더 아름다워 보였고 졸업생 중 제일 나이 어린 22세의 졸업생이다. 그는 이 날도 자꾸만 웃었다. 나는 그의 앞날이 꼭 웃음의 날이 많기를 믿고 있다. 여름에는 큰 언니를 미국 보내고 결국 딸 중의 막내가 나의 옆에 있다.

덕윤; 누나들과 잘 다녔고 형제 중에서 제일 마음씨 곱고 동정심이 많은 아이다. 숙제도 꼭 하고 노력은 했으나 우등생은 아니다. 그의 외모양은 형제들 중에서 제일 미를 갖추지 못했다고는 하지만 그의 심적인 도량은 퍽 너그러웠다. 다른 형제에게서 찾아볼 수 없는 인간미가 있고 부드러웠다. 하루는 동생 진과 둘이 있는 곳에서 내가 재봉틀 일을 하면서 농담으로 너희들이 장가가면 집은 큰언니 주고 이 재봉틀은 누구 부인을 줄까 했더니 진(5세)이 옆에서 금새 "내 부인 줘" 하고 있는데, 윤은 "그래 틀은 진을 주고 나는 사겠다"고 대답한다.

(주: 그 재봉틀은 오랜 세월 식구들 옷을 만드는데 긴요하게 사용되다 결국 '동생 진'에게 가서 지금 나의 집에 있다. 나의 아내가 대를 이어 사용하다 간직하고 있다. 그 시절 살림 밑천이던 '싱거 미싱'이다.)

학교에서 짝지은 아이는 집이 퍽 빈곤한 아이였다. 김선희라는 아이를 매일 데리고 와서는 점심과 저녁을 먹고 숙제는 우리 집에서 다~ 쓰도록 하여 먹을 것이라도 있으면 네 동생 갖다 주라고 주어서 보내었다. 나를 보고는 "엄마 내가 장가가면 엄마 우리 집에 와 있어 웅. 내 우동 많이 사줄게" 이렇게 말한다. 나는 그때 우동을 퍽 좋아했다. 엄마가 약하여 누웠으면 큰 걱정하는 것이 윤이다. 내가 밥을 잘 안먹고 누웠으면 "싫은 음식 먹고 배탈나는 것이 굶어 죽는 것보다는 나을 테니 어서 우동이랑 막 사먹고 배탈나면 의사를 부르자"고 했다. 이러한 말 가운데에서 그의 마음 전체를 알 수 있어 퍽이나 정이 감도는 아이였다. 감수성이 빠른 아이다. 그런 점에서 아버지도 그를 제일 사랑한다. 내가 윤을 혹 체벌을 줄 때 아버지가 나에게 대해 제일 노했다.

추석이라 해도 내가 아픈 까닭에 새 옷도 못 해주었더니 밖에 나가 아희들 새 옷 입은 걸 보더니 들어와서 우리는 새 옷이 없느냐고 묻기에 나는 아퍼서 못했으니 참으라고 했다. 앉아서 생각하더니 "나는 새 구두라도 있지만 진이는 구두도 없으니 큰 일이라"고 하면서 주머니에서 돈을 꺼내 동생을 주면서 이걸루 과자나 사먹구 우리 정신 좀 채리자고 할 때, 나는 누워서 퍽 마음이 아팠고 그 때문에 성적도 좀 떨어지고 가을 소풍에도 못 따라가고 먼 길을 혼자 다녀왔다.

고등학생이 되어 하루는 내가 선생님에게 호출을 당했다. 윤이가 타교 학생들과 싸웠다고 했다. 나는 잘못했다고 했다. 선생님 말이 "윤이는 싸움을 했으나 솔직히 전부 이야기했고 이런 말을 엄마한테 이야기한다"고 하니 "네~" 하드라고. 그렇게 윤이는 타

아이들보다 정직하다는 점에서 아무 일 없이 지났다. 그 후는 나도 잘 일렀고 본인이 아주 딴사람이 되었다.

대학 시험에만 열중한다. 나하고는 비밀이 없다. 십대의 위험도 별로 없이 여름이 지났다. 여름이면 수영을 자주 한다. 놀라우리만큼 컸다. 집안의 침울한 공기를 잘도 화(和)해준다. 노래를 불러선 집 식구를 온통 웃기고 있다.

가을부터 누워있는 나에게 그는 심적으로 큰 도움이 된다. 자주 내 방에서 이야기할 수 있다. 교회에도 잘 나간다. 찬양대원이었다. 그는 나하고 이야기하기를 퍽 좋아한다. 음악에 대한 이야기는 전부 나에게 물어본다. 그는 이태리 가곡 '카타리'라는 노래를 즐기고 또 잘 부른다. 성경도 읽으려고 한다. 구약에 대한 이야기를 하라고 하여 대략 이야기하고 나중 '욥'에 대한 가정 환경과 그의 신앙에 대하여 자세히 이야기했더니 엄마는 어떻게 그리 잘 알고 기억하는가고 했다.

나는 지금까지 병이 없는 날은 독서를 늘~ 하는 버릇을 그는 알기 때문에 엄마는 몸만 아프지 않으면 앞으로도 좋은 엄마가 될 것이라고 하였다. 나는 마음으로 윤에게 실망을 주지 말고 잘 교육시켜야 하겠다고 생각한다. 수많은 행복을 맛본 나는 이제 죽어도 살아도 좋지만 아직 결실이라는 책임이 나에겐 있다.

덕진; 48년 새해가 되고 서기 시작했다. 남의 집 2층에서도 탈 없이 잘 지냈다. 첫돌에는 떡도 해 먹었다. 늦은 봄 아장아장 걸어 다니니 여섯 번째 맛보는 즐거움이다. 집 사러 사방으로 업고 다녀도 감기도 안 하고 잘 컸다. 5월에 후암동에 이사 왔다. 넓은 마당에서 언니와 아무 소리 없이 잘 놀았다. 겨울에야 '엄마, 아빠'라고 말을 했다. 두고 외출을 해도 울지 않고 다녀오면 가방을 뒤져보는 버릇이 있다. 언니와 쌍둥이처럼 잘 큰다. 얼굴은 여자처럼 고웁다.

49년은 3세가 되었다. 좀체로 말이 없는 아이다. 아우가 없으니 젖은 오래 먹을 수 있었다. 3월에 젖을 떼었다. '마~크롬'을 발렀드니 며칠 찌그렁거리더니 그만 단념했다. 세 바퀴 자전거를 갖고 종일 놀고 12월에는 언니와 팽이도 돌릴 수 있었다.

이렇게 하여 4세가 되었다. 봄이 되어 밖에서 잘 놀았으나 6·25를 당해 고생한 보람도 없이 12월에는 다시 진해로 피난 가게 되어 배 타고 가는 도중에도 참 잘도 참아 주었다. 진해에서 겨울에 홍진을 했다. 2층에서였으나 순조롭게 하였다. 열에 허덕이면서도 하나님께 기도하고 자면 내가 낫는다고 늘~ 누워서 기도했다. 찬송가도 누워서 불렀다.

5세 되는 4월에 대구로 왔다. 노래도 잘하고 음식은 무엇이든지 다~ 잘 먹는 아이다. 자식이 많으니 별가지 성미들이 다 있다. 10월부터는 언니를 따라 1, 2, 3, 4 숫자를 쓰기 시작했다. 1학년 국어도 읽고 쓰고 했다. 공부하고 머리 쓰는 법이 큰 언니와 비슷하다. 나는 생각했다. 진은 공부 성적은 좋을 것이라고! 큰 언니가 하두 볶으면 귀찮아 하지만 A, B, C, D도 며칠 만에 다~ 읽고 쓰고 했다.

크리스마스 찬송 소리를 듣고는 예수님이 오셨다고 자리에서 일어난다. 선물은 '싼타' 할아버지가 가져온 줄 알고 꿈이 사나우면 밤 중에도 기도드린다. 막내둥이라고 가정에서 귀여움을 받았다. 큰 언니는 그를 퍽 사랑했다.

이때 머리는 길러서 '올백'으로 했다. 남들이 영화 '잃어버린 찌미'의 아이 같다고 했다. 남자답지 않게 이쁜 아이다. 6세가 되었다. 1학년 글은 다~ 아는 때였다. 잔잔하고 고요하게 잘 논다. 그러나 퍽 쌀쌀한 아이다. 아버지가 혹 귀엽다고 하면 아버지는 언니만 사랑하니깐 나는 엄마가 제일 좋다고 했다. 아버지가 당황하여 진은 엄마 젖도 많이 먹고 잘 생기고 공부도 잘하니깐 아버지가 안 봐줘도 되니깐 그런 거라고 했다. 3월에 아버지가 부산 간 뒤 편지를 쓰는데 편지 쓰다 말고 나를 보고 '워'자를 가르쳐 달라고 하여 가르쳐 주었더니 "아버지는 나를 미워해"라고 쓰여 있다. 어린 것이라도 언니를 더 사랑하는 것이 눈치채인 것이다.

별로 명랑치 못하고 내성적으로 잘 크나 기억력은 있다. 음악도 잘 들었다. 그중에 모차르트의 '현을 위한 소야곡'은 다~ 알고 몇 악장인 것까지 안다. 딴 음악을 듣다가도 "나는 모차르트가 제일 좋아"라고 말한다. 10월이 되니 "엄마, 어서 양말을 뜨라"고 재촉이다. 크리스마스에 할아버지가 올 테니 좀 크게 뜨라고 재촉했다. 나는 퍽 큰 장난감 자동차와 과자를 선사했다. 꼭 그런 줄로 믿고 있다.

7세가 되었다. 금년엔 입학할 해이다. 누가 보아도 귀하다고 다시 보고 간다. 동회로부터 입학 허가증이 나왔다. 막내가 마지막 입학하게 되었으니 세월이 흐르는 것이 틀림없다. 4월 6일 수창국민학교에 입학하였다. 여섯 번째 초등학교에 참석할 수 있는 나는 한 없이 기쁘고도 쓸쓸했다. 수많은 군중 속에서 이름을 찾으니 1학년 1반 11번이니 1자로만 시작되었다. 좋은 숫자라고 생각했다. 남녀공학이다. 아무리 보아도 진이 제일 이쁘다. 아마 나는 바보에 가까운 사람이다. 몇일을 함께 다녔다. 공부가 시작되어 '란드셀'을 메고 가야 하는데 언니 쓰던 것이 있기에 새것을 안 사주었더니 퍽 걱정하는 말이 "공부에 일등하는 것은 문제없지만 '란드셀' 사는 것이 문제"라고 하여 나는 곧 사주었다. 학교에 갔다 오는 때는 꼭 인사할 줄 알았다.

이러는 중 5월에 상경하여 삼광국민학교에 들어가 전후학기 다~ 이등을 하고 2학년에서도 말없이 혼자 다녔고 또 전 이등, 후 일등을 했다. 55년 9세에 3학년이 되었다. 일등 한 보람이 있어 반장이 되었다. 그러나 조금도 좋아하지 않았다. 본인은 귀찮기만 한 모양이다. 성격이 활발하지 못하니깐 그런 것이 못마땅한 것 같았다. 실력은 차가 있게 잘했다. 나는 그를 용기를 내도록 좋은 말과 남성적인 인물의 이야기도 많이 들려주었다.

막내둥이라고는 해도 별로 딴 취급도 안 하고 막내의 특권이라면 나의 곁에서 잠을 잘 수 있다는 점이겠다. 가엾을 정도로 말이 없다. 무더운 삼복에도 반장 노릇도 잘하고 90명 중에서 일등으로 1학기를 끝내었다. 나는 외출이라면 아이들 여러 학교에 자주 가서 공부하는 정도를 알고 오는 때뿐이다. 부모 마음이란 어리석고도 무한한 것이라 생각했다. 성적이 좋은 아이는 좋은 대로, 나쁜 아이는 또한 못하는 뜻에서 귀하니 세상이 묘하게 되었다. 내가 진에게 바라는 것은 얌전하고 공부는 잘하지만 좀 명랑하고 '유머'를 아는 사람이 되기를 나는 퍽 기다리고 있다.

나이를 먹으니 나의 사상도 달라지고 있다. 방학이 지나 9월 후학기에는 반장도 일등도 저버리고 덕수학교로 옮겼다. 부모의 욕심은 한이 없다. 나는 덕수에 몇 번 가서 견학하고 온 뒤에 생각한 일이다. 이때부터 일등했다는 자존심이 K중학을 욕심하였던 것이다. 먼~ 길이었으나 잘~ 다녔다. 제일 꼬마가 제일 먼저 가고 늦게 오는 날이 계속된다.

6학년 전학기도 우등을 했다. 그 지긋지긋한 시험은 매일 있으니 한심하다. 내가 혹 학교에 가도 그는 절대 쳐다보는 일이 없다. 59년 2월 28일 하오 2시부터 경기여고 강당에서 졸업하게 되었다. 맑게 갠 이날 나는 마음이 벅차다. 고개 넘어 E 교에선 경자가 졸업하는 시간이다. 진은 6년 동안 나를 한번도 괴롭게 굴지 않고 즐거움만을 주고 오늘 졸업한다. 덕수국민교 21회 졸업생 중의 한 사람이다. 인생 항해 첫 테이프를 끊는 이 날 진의 앞날 이 평탄하길 빌 뿐이다. 이날의 나의 바라는 희망이라면 그가 남 성적으로 대해를 바라보듯이 맑고 많은 대기를 마시듯이 해주기 바란다. 우등이고 모범생으로 상장과 개근상 졸업장 상품도 타 가지고 왔던 것이다.

3월 4일부터 K 중학 시험이다. 1,200명 지원자 중 420명 모집이 다. 그는 1110번이다. 늘~ 자주 쓰는 1의 숫자다. 나는 이번에도 꼭 합격될 것을 믿는다. 첫날에 과목은 다~ 끝난다. 학과를 세 가 지 다 보고 점심시간이 되어 운동장에 나왔다. 다른 아이들은 떠 들고 야단인데 진은 일언반구 말이 없다. 성품을 아는 나는 단념 하고 점심을 주었다. 쌀쌀히 부는 바람 날이다. 양지쪽에서 그 찬 밥을 유유히도 다 먹고 그림 그리기와 인물고사에 들어간다. 다~ 끝나고 오는 길에 나는 유도 심문을 했다. 네가 잘 썼다고 생각하 면 극장에 다리고 갈 테니 자신이 있거든 극장에 가자고 했더니 쓰기는 다 썼다고 했고 합격이야 안 하겠는가 하는 대답이다. 나 는 운명을 하나님께 매끼고 '시네마 코리아'에서 구경하고 왔다. 그는 영화를 퍽 좋아한다. 누나들이 있어 자주 듣는 까닭도 있지 만 영화 감상하는 것이 아버지보다 더 수준이 높다. 배우들도 죠 셉 콧튼, 마론 브란도 팬이다. 음악도 잘 들을 수 있다. 나는 그가 몹시 피곤할 때 모차르트 곡을 잘 틀어주었다. 모르는 곡이라도 모차르트 곡은 잘 안다. 어떻게 아는가 하고 물으면 "음정과 그 선율로 곧 알 수 있다"고 했다.

그날 저녁 그는 모~든 시름을 다~ 잊고 잘 잤다. 3월 9일 발표되기 전 8일 밤 신문사를 통하여 합격 됨을 알 수 있었다. 본인은 웃기만 했다. 가족들의 기쁨은 말할 수 없다. 나는 진에게 감사했다. 9일에는 전체 식구 다~ 학교에 갔다. 진짜로 이름이 있었다. 두 번째 K 중학 입학의 기쁜 날이다. 운동장에서 사진도 박고 돌아왔다. 오후에는 입학생의 주의가 있어서 나는 진을 다리고 다시 갔다. 자식 때문에 이렇게 승리감을 가져볼 수 있다는 것이 참 행복한 일이다. 나는 앞으로 어떠한 마음의 고통도 여섯을 위하여 살겠다고 나의 마음에 굳게 다짐을 했다. 교장 선생님(김원규 선생)의 인사와 주의 말씀은 참말 옳은 말씀들이었다. 본인과 나도 영원히 잊지 않고 명심할 것이라고 생각했다. 훈화가 여러 가지 있었으나 일생 잊어서는 안 되는 말이 있었다.

"말하지 않아도 아는 사람이 되자.

없으면 안 되는 사람이 되자."

이것이 얼마나 뜻깊은 말씀인지 나는 본인에게 잘~ 알아들을 수 있도록 설명했다.

4월 개학까지 그는 마음 놓고 놀 수 있었다. 이것이 그의 일생을

통해 가장 자유스러운 휴가가 될 것이라고 나는 믿는다. 4월 개
학이 되어 제복 제모에 귀한 모습으로 중학생이 되었다. 막내가
중학생이니 나는 사실 죽으나 사나 마찬가지다. 나의 이러한 생
각을 아는지 모르는지 중학생으로서 잘 다녔다.

이렇게 3년 동안 아무 탈 없이 잘 다녔으나 61년 겨울에 고교 입
시에는 정부가 바뀌고 체력 중점 고사가 있어 체력이 좋지 못한
진은 체력에서 떨어졌다. 나는 낙심했으나 본인은 도로 나를 격
려하며 S고교에 잘 다닌다. 이럭저럭 고3이나 아무 걱정을 안주
는 아이다. 내년 대학 입시를 앞두고 잘한다. 성적은 역시 좋다.
요새는 모의고사에도 1, 2등은 한다. 내년 대학도 뜻하는 학교에
입학 될 것을 나는 꼭 믿고 있다.

어머니는 위로 네 자녀를 축복해 미국으로 떠나보냈다. 그들을
그리워하는 마음이 일기에 적혀있다. 그리고 나중에 보니 그것이
마지막 본 모습이 되었다. 그래서일까, 어머니의 일기에는 다시 못
볼 아이를 보내는 것 같은 슬픔이 깃들어 있다. 부모를 떠나간 자
녀들은 공부하고 배우자를 만나 가정을 이루었다

덕준; 1955년 8월 20일 나의 일생에 있어서 있으리라고 상상도
못했던 퍽이나 이변이라고 볼 수 있는 날이었다. 하늘에는 오고
가는 구름송이가 가끔 비가 되어 나리다 개이는 날이었으나 대체

로 맑은 날이었다. 준이가 근년에 두고두고 원하든 미국 유학가는 날이다. 여러 친지들과 동무들의 전송을 받으며 여의도 공항에서 떠나게 되었다. 나는 아무 생각 없는 것 같이 얼이 빠진 듯했다. 떠나는 순간까지 "엄마는 내가 올 때까지 꼭 모든 것을 이기라고, 그리구 제발 울지 말라"고 했다. 비행기에 오르는 수줍은 태도, 여러 해를 못 볼 그의 모양이 나의 시야에서 사라지고 있다. 기내에서 동그란 창으로 내다보는 그는 손수건을 눈에 대는 품이 아마 우는 모양이다. 비행기는 사정없이 땅을 한 바퀴 돌고 하늘로 높이 뜨니 그가 가는 쪽을 바라보고 허무하고 애처러운 일이다. 돌아오는 차 속에서 뭉쳤든 설움이 터져서 자꾸만 울면서 집에 돌아오니 집안이 왼통 빈 것 같다. 오늘 저녁 이역 동경(東京)에서 그는 어떻게 지내는지 강가에 보낸 어린애와도 같은 마음으로 안타깝기만 하다. 험한 항해를 하는 어부와도 같이 그의 오늘부터의 생활이 약이 되고 기름 되기를 바라면서 기쁘고 허무하고 쓸쓸하든 오늘, 엄마.

1956년 2월 2일, 자식들에게 남겨줄 큰 물질의 형체는 없어도 마음으로 또한 정성으로라도 그들의 자라는 모습을 써두고 싶어 20년을 계속해서 썼으나 앞으로는 준을 위해 쓸 수 없는 것이 서운하다. 오늘 석양에 문득 생각하니 준은 정말 없구나. 불러도 대답이 없고 보고파도 볼 수 없으니 기막힌 일이다. 2층을 향하여 퉁명스레 "준아~" 하면 "네~" 하던 그 순간은 다시 안 올 것이고 그 순진하고 어리석든 모양을 다시 볼 수는 없을 것이다. 나의 전부라고 할 수 있는 준이 보구 싶다. 나의 마음의 공허함이 있으니 그를 그리는 정이 더 강한지도 모르겠다. 어이 세월의 느림이여!! 며칠째 소식이 없으니 네 그리는 정이 더욱 간절하다. "하나님이여, 부디 저의 한 가지 소망이 있으니 앞으로도 자식들을 위해 살 수 있는 힘을 주시기 바랍니다."

(주: 맏아들 덕준은 미국 메릴랜드에서 직장인으로, 야구인으로 2013년 79세까지 건강한 삶을 살았다. 급한 입원 소식을 들은 나는 제일 빠른 항공편을 찾아 그곳 장례식에 참석해 형제 대표로 그의 일생을 추모하는 글을 읽어드렸다.)

덕희; 3월 28일! 졸업식이었으나 나는 병으로 참석을 못해도 이야기로 잘 들었고 그의 앞날의 축복을 들었다. 4월 15, 16일에는 전국 음대 졸업생 중 각 한 명씩 뽑혀 졸업 발표회에 그가 뽑혀 연주하게 되었으니 하나님은 이번에도 그에게 복을 주셨다. 이러고 보니 평탄했다고 볼 수 있는 학생 시절이 끝난 셈이다.

초청 형식으로 유학을 간다 하여도 구라파 쪽은 힘들고 만일 간다고 하여도 일자리 구할 수도 없고 결국 미국에라도 갈 것을 결정짓고 선배들의 힘으로 도미하게 되었다. 본국에서 여러 번 입상한 것이 효과를 보아 장학생으로 그는 지금 모든 준비가 되어 가고 있다. 63년 7월에 비자까지 나오고 돈만 있으면 비행기 표만 사면 될 줄로 알았더니 첼로의 운임이 사람 하나의 값을 치러야 한다 하여 어쩔 수 없이 그는 8월 30일 배편으로 가게 되었다. 떠나기 전날 밤 나는 그에게 천사만려(千思萬慮)로 이렇게 말했다. "덕희야! 정말 떠나게 되어 다행이구나. 그러고 보니 너는 한국에서 말하는 혼기는 늦었고 결국 예술을 위해 살 것인즉, 가서 잘 하고 내가 원하는 것은 가서 많은 곡보다도 명곡 몇 가지라도 완전히 배워가지고 오라"고 말했다. 적어도 드볼작의 콘첼트와 베토벤의 쏘나타 3번을 나를 위해 '포이어만 (Feuermann)' 식으로 할 수 있게 하라고 말했더니 그는 걱정 말라고 했으니 나는 그를 꼭 믿고 싶다. 1963년 8월 30일 석양 인천항에서 그를 보냈다. 눈물보다 냉정을 되찾고 서울로 돌아왔다. 그 후 그는 선생님들께 촉망을 받고 잘하고 잘 있으니 엄마 부디 장수하라고 매일 같이 글이 온다. 나는 그가 꼭 나의 기대에 어그러지지 않기를 바라고 있다. 이것이 희가 나의 곁에서의 전부이다.

(주: 맏딸 덕희는 일가를 이루어 미국 메릴랜드에서 거주하며 80 중반을 넘긴 지금까지 그 지역에서 수많은 청소년 첼리스트를 배출하며 그의 성품대로 활발한 활동을 하고 있다.)

덕원; 1961년은 대학 4학년이었다. 여성들이 흔히 있을 수 있는 그대로 졸업반에서 여러 남성의 프로포즈 속에서 서울대 물리대생과의 교제가 시작되었다. 우리는 모녀가 비밀이 없는 까닭에 함께 검토하고 본인이 좋다고 하기에 그의 졸업식에 최군도 참석하여 12월에는 학사의 자격으로 E 대를 졸업하였다. 다음 해인

62년에는 약혼과 더불어 6월 8일 수표교회에서 결혼식을 올렸다. 어려서부터 부지런하고 빠르더니 그는 오빠와 언니를 제치고 먼저 결혼을 하고 다시 이어 6월 12일 둘이는 미국엘 갔다. 이렇게 하여 나는 아이 여섯의 성장기 6권 중 하나를 시집가는 날 그에게 주었다. 나는 그가 떠나는 날 한없이 슬펐다.

(주: 둘째 딸 덕원은 지금까지 미국 캘리포니아에서 하나님과 동행하는 삶을 살고 있다. 이 책 앞부분의 '하나님의 가발 가게'에서 소개해 드렸다. 누이는 떠날 때 옷 몇 가지에 영한사전과 책 몇 권을 챙겨갔다. 가벼운 가방을 살펴보던 어머니가 "덕원아, 미안하다. 정말 줄 게 이렇게 없구나." 하셨다. 그러나 누이는 집을 떠나기 전까지 어머니와 속 깊은 이야기들을 많이 나누었다. 도스토옙스키의 소설들에서 인간의 무서운 죄성과 예수님 이야기를 많이 하였다.)

경자; 그도 언니를 따라간다고 열심히 공부하고 있다. 그날이 가까우면 가까울수록 나의 마음은 허전하다. 그러나 파랑새 세 마리를 잘 길러 훨훨 날려 보내는 날이 나의 책임 다 하는 날일 것이다.

(주: 셋째도 지금까지 미국 캘리포니아에서 세 자녀와 일곱 손주를 돌보며 건강히 지내고 있다.)

어머니는 글을 마치시며 이런 당부의 글을 남기셨다.

이렇게 여섯을 키우는 동안 나의 사상이 많이 달라졌다. 그들이 출세를 위한 인간이 아닌 참다운 인간을 위한 인간 되어달라는 부탁이다. 나의 그들에 대한 역량은 이것으로 끝난 셈이다. 아니 부족하다는 말이 옳을 것이다. 그러나 내가 하나님께 원하고 바라는 것은 여섯 남매가 꼭 나의 마음을 조금이라도 이해하고 나의 바램을 이루어 줄 것이라는 점이다. (1964년)

*****

내가 여섯째로 태어난 것은 행운이었다. 어머니가 나에게 당부하셨던 '유머'로 말씀드리자면, "사랑하는 막내를 보려면 여섯까지 꼭 낳아야만 했던 거예요. 어머니가 좋아하는 다윗도 여덟을 낳아 볼 수 있었던 거예요."

어머니는 어머니 세대의 많은 문제와 결핍을 겪어야 했다. 그 속에 포함되어 있는 수많은 걱정과 고통을 경험하였다. 그러나 하나님을 아는 어머니는 믿음과 소망과 사랑을 끝까지 붙들었다. 믿음은 모든 어려운 것을 가능하게 해주었다. 소망은 모든 것을 밝게 보게 해주었다. 사랑은 모든 것을 쉽게 할 수 있게 하였다.

어머니는 〈열두 눈동자〉 제목의 원고를 마치고 누구보다 '가깝고도 멀었던' 남편에게 제일 먼저 보여드렸다. 원고를 잘 추려서 드리면서 맨 앞에 이런 노트를 달아드렸다.

"이것은 제가 30년 동안 쓴 보물입니다. 일시 감정이 아닙니다.
그리고 어제 오늘 쓴 것도 아닙니다. 6남매의 성장기인데 다 보
시기 힘들면 199페이지의 윤(潤)의 것을 보시고 (온고지신의 뜻으로)
잘~ 보시고 돌려주십시오.
이 글은 제가 죽은 뒤 책자로 하여 자식들에게 줄 저의 선물입니
다. 당신이 하두 서러워하시니 좀 위안이 될까 싶어 드립니다. 본
인들께 줄 한 노트씩은 다~ 갖고 있습니다. 원(媛)은 이미 가지고
갔습니다. 시간 있는 대로 천천히 보시면 될 것입니다." (1964년)

이런 글을 남기신 어머니는 1968년 2월, 55세에 주님 앞으로 가
셨다. 그리고 괴로울 때면 "우리 어머니!" 하고 부르셨던 이북에 남
겨진 외할머니도 거기서 만나셨을 것이다. 생전에 여러 차례 소원
을 밝힌 대로 여섯 자녀의 성장 노트는 각자의 손에 들어갔다. 나
는 몇 해 전 어머니의 글을 다 합쳐 바인더로 제작해 가족 모두에
게 나누면서 이런 노트를 달아드렸다.

오랜 시간 한쪽에 밀어놓고 잊었던 어머니의 살아있는 글을, 그
것도 나에게 남겨주신 나의 성장기뿐 아니라 다섯 형제 모두의
성장기에다 어머니 자신에 대해 쓴 귀한 기록을 색 바랜 500매의

원고지로 50년 만에 다시 만났다.

이제는 컴퓨터에 기록하여 얼마든지 인쇄하여 누구나 읽을 수 있게 되었다. 지난 3개월 동안 편집 작업을 하며 많이 울었다. 그리고 감사와 기쁨이 많았다. 한편 마음의 치료가 이루어지고 영혼의 풍요함이 살아났다.

어머니의 말씀대로 이 글은 어머니의 생명과도 같은 책이고 무엇과도 바꿀 수 없는 보물이다. 돌아가시고 너무 오래되어 그것이 책(바인더)으로 만들어졌다. 나는 과연 어려서나 지금 이 나이에나 불효자다.

그러나 나는 어머니에게서 모든 은혜를 받았다. 하나님과 예수님을 사랑하는 마음을 받았다. 글과 음악, 사랑과 평화, 정의와 인내를 물려받았다. 그리고 이것을 내 몸과 영혼에 공감하며 이제는 나를 낳아 길러주신 어머니가 내 안에 계신 것을 더욱 느낀다.

이 땅 위에 나의 어머니 같은 어머니를 모신 아들들은 모두 말할 수 없는 축복을 받은 사람들이다.

어머니,

감사합니다.

사랑합니다.

이젠 얼마 있다 곧 뵈어요.

덕진이가

2018. 8. 2

판교에서

*****

음악이 흐르는 집

우리 집은 어머니가 기록한 대로 음악이 있는 집이었다. 나의 음악 세계는 시대와 함께 새로운 색깔을 더해갔다. 어려서부터 듣기 시작한 클래식에 이어 미군 방송에서 늘 흘러나오는 팝을 들으며 자랐다. 예수님을 만난 이후엔 찬송가와 복음성가만을 오랫동안 듣고 불렀다. 우리 가요도 생활 속에서 접해왔다.

나는 찬송가의 신령한 하늘 곡조와 신앙고백을 사랑한다. 그리고 교회를 나서서 생활 공간에서 들리는 많은 아름다운 노래 속에서도 찬송가와 다름없이 내 영을 고양시키는 노랫말을 만난다. 사랑과 그리움, 기쁨과 슬픔, 아픔과 한탄의 표현들을 '영의 귀'로 들으면 예수님과 나 사이의 이야기로 '동시 번역'이 되어 들린다. "그대, 당신, You"를 "예수님, 주님, 하나님"으로 고백하면 그대로 기도와 찬양이 된다. 그것을 아름다운 멜로디로 노래할 수 있다.

언제부터인가 나에게는 많은 노랫말이 자연스레 예수님께 연결된다. Ray Charles의 60년대 곡 'I can't stop loving you', 이 제목은 시작부터 코러스로 선포된다. 예수님이 내 귀에 대고 "내가 널 끝까지 사랑할 거야" 하시는 말씀으로 들린다. "저도요." 나의 응답이다. 생각해 보면 이 제목은 성경 전체의 메시지를 다섯 단어로 축약한 하나님의 사랑 이야기다.

안치환의 사랑의 노래, '내가 만일 (하늘이라면)'에서 "세상에 그 무엇이라도 그댈 위해 되고 싶어. 오늘처럼 우리 함께 있음이 내겐 얼마나 큰 기쁨인지." 예수님을 향한 내 마음을 어떻게 이렇게 표현할 수 있을까.

큰 형 덕준, 그는 미국으로 건너가 79세까지 건강한 삶을 살았다. 급한 입원 소식을 들은 나는 제일 빠른 항공편을 찾아 그곳 추모식에 참석해 형제 대표로 추모의 글을 읽어드렸다. 나는 '돈키호테'처럼 꿈을 좇았던 그의 일생을 소개하며 뮤지컬 〈맨 오브 라만차(Man of La Mancha)〉의 아리아 '이룰 수 없는 꿈'(The Impossible Dream)의 노랫말을 사용했다. 이 뮤지컬은 예수님의 일생을 풍자한 세르반테스의 명작 《돈키호테》를 배경으로 한 작품이다.

이루지 못할 꿈을 꾸어온 사람

이기지 못할 적과 싸운 사람

참을 수 없는 슬픔을 참은 사람

아무도 못 고치는 불의를 고치려 했던 사람

끝내 닿지 못할 저 별을 사모했던 사람

이렇게 살았던 사람, 나의 형 이덕준

장례식에서 이렇게 추모사를 낭독하였는데, 그해 여름이 되어 그가 오랫동안 투수 코치로 지도했던 대학 야구팀은 시즌을 열며 '이덕준 기념 경기'를 가지며, 형의 가족과 친지들을 초대하였다. 이 경기의 식순 내내 하나의 배경 음악이 스타디움에 울려 퍼졌다. 그것은 내가 6개월 전 추모사에서 인용했던 'The Impossible Dream'이었다. 그들은 잊지 않고 있다가 이 노래를 선택해 존경하는 코치의 영전에 정성껏 바쳤다.

'이룰 수 없는 꿈'의 노랫말은 나에게 예수님 일생의 스토리이다. 몇 해 전에 이 뮤지컬의 서울 공연에서 이 곡이 시작되자 사람들이 "오, 아는 노래다" 하는 듯 환호하는 순간에 관중석 한 곳에 아내와 자리했던 나는 가슴이 뛰고 눈물이 흘러 숨을 쉴 수 없었다. "이 모든 스토리가 나의 주 예수님의 이야기인데, 그리고 지금 인간이 만들 수 있는 최고의 음악으로 그를 찬양하고 그의 사랑을 고백하는 순간인데, 사람들은 그걸 알아야 하는데…." 그 시간 나는 하나님의 영광을 만끽하고 있었다.

슬프면서 아름다운 노래도 있다. 나의 작은 형 덕윤, 그는 남들에게 모질지 못했던 만큼 자신에게도 모질지 못했다. 남을 먼저 생각하고 자기 것을 털어주는 사람이었다. 추운 겨울밤 집으로 오는 골목길에 오페라 아리아 소리가 멀리서부터 들려오면 그가 오는 소리다. 어머니가 기록한 그의 성품이었다. 동생을 먼저 생각했던 그는 30대 중반에 일찍이 우리를 떠났다. 아름다운 영혼의 화가 빈센트 반 고흐의 삶을 그린 노래 가사에 "이 세상은 그대같이 아름다운 사람이 살 수 없는 곳이어요(This world was never meant for one as beautiful as you). 이젠 당신을 이해해요. 제 정신으로 이 세상을 살아내느라 얼마나 힘들었는지." 돈 맥클린(Don McLean)의 '빈센트'를 들을 때면 그 노랫말이 나의 형과 어머니를 사랑하고 애도하는 내 마음을 깊은 데서 불러온다.

나의 부모님과 형제들과 함께 살아온 모든 시간이 내가 받은 유산이었다. 그중에 어머니의 음악 사랑은 지금도 우리 집에 흐르고 있다. 이 모든 사실을 '목숨 걸고' 글로 기록해 준 어머니께 감사를 드린다.

*****

우리 모두에게 어머니, 아니 '엄마'가 한 분 계시다. 이 어머니는 예수님을 대신해서 우리들 집에 선물로 보내주신 분들이라고 한다. 우리를 따뜻하게 품어주어 피부에 닿는 사랑을 알게 해준 어머니와의 친밀함은 우리를 영원히 사랑하시는 예수님과의 관계를 상징한다. 그분은 이 땅에 직접 오셔서 우리를 그렇게 사랑하셨다.

나의 어머니도 나를 그렇게 품어주셨다. 그런 체험적 사랑 때문에 내가 예수님을 따뜻한 사랑의 주님으로 모시고 동행할 수 있었던 것을 고백한다. 그래서 내가 기쁠 때, 슬플 때, 힘들 때 제일 먼저 부르는 분은 예수님이다. 남은 날들도 그렇게 동행하다 이곳을 떠나는 날 마침내 그분의 품에 안길 것이다.

이런 내 마음을 잘 담은 시 한 편을 이 책을 여기까지 읽어주신 분들과 나누고 싶다. 제목은 '저 안아 재워주세요(Rock Me to Sleep)'이다. 엘리자베스 알렌의 오래전 시로, 어린 시절의 자기로 돌아가 어머니 품에 안기기 원하는 마음을 그렸다. 눈물로 번역하였다. 시에서 부르는 '어머니'를 '예수님'으로 바꾸어 불러보면 그분의 품이 마음에 사무쳐온다. 거기가 우리의 갈 곳이기 때문일까. 그리고 어머니는 시간을 뒤로 돌리지 못하시나 예수님은 하실 수

있다. 두 번을 읊조려 보자. 한번은 '어머니'로, 또 한번은 '예수님'
으로.

〈저 안아 재워주세요〉

어머니 오늘 밤엔 시간을 돌려

저 어린 시절 그때로 데려가 주세요

먼데 계시지 말고 오늘은 꼭 오세요

그때처럼 절 가슴에 안고

이제 주름진 제 이마에 입맞춰 주세요

희끗해진 제 머리카락도 쓸어줘 봐요

오늘은 저 잘 때 옆에 있어 주세요

절 다독여 재워 주세요 어머니

저 이제 고생도 눈물도 지쳤어요

고생해도 낙은 없고

울어도 소용 없었어요

그때로 절 데려가 주세요

보니까 다 티끌 같은 것이었는데

거기다 영혼을 다 써버렸어요

어머니 오늘 밤엔 절 편히 재워 주세요

진실과는 먼 공허한 인생들 사이에 살았어요

그래서 오늘은 어머니가 더 사무쳐요

수많은 세월 꽃피고 지는 사이

어머니 얼굴 그리고 또 그렸어요

어머니 오늘 밤 한번 내 옆에 있어 줘요

홀연히 와 날 다독여 재워 주세요

사랑하는 어머니 보고 싶은 얼굴

어머니 긴 머리카락 내 이마에 스치게

가까이 대어주세요

그리구 어머니 자장가 마지막 들어본 게 언제예요

오늘 밤 들려 주세요

어른 돼서 산 날들

보니까 다 짧은 꿈이었어요

오늘은 어머니 곁에서 잠들고 싶어요

저 잘 때 얼굴 부벼 주세요

그러면 저 영원히 깨지 않아도 좋아요

그리고 다신 울지 않을 게요

어머니 저 오늘 밤 다독여 재워 주세요